I0749152

EL CRISTIANO Y LA DEPRESIÓN

Manteniendo la Fe en Medio de la Depresión, Ansiedad y Pánico

M.D.J. MINISTRY- MIN. DR. NANCY E. BURGOS

El Cristiano y la Depresión. Por Nancy E. Burgos
M.D.J Ministry
I.C.M. El Tabernáculo Templo Evangelístico Pentecostal 72
Orchard. St. Springfield MA. 01107
nancyburgos99@gmail.com
www.tepchurch.com

Publisher: Baute Production
(813) 693-8879

Referencias

Reina Valera 1960
"nami" National Alliance On Mental Illness
La Nueva Cura Bíblica para Depresión y Ansiedad Dr. Don Colbert
DBSA- Depression and Bipolar Support Alliance
ISBN: 978-0-578-45385-9

Tabla de contenido

Introducción

La vida que Dios nos ha otorgado es definitivamente hermosa, el simple hecho de poder existir y cada día tener oxígeno y un nuevo amanecer es muestra de su amor y misericordia.

Cada despertar nos da un sentir de que hay un ser soberano y lo experimentamos como algo normal y natural. No solo hemos sido privilegiados de tener una existencia, sino también tenemos lindas virtudes como, por ejemplo: las emociones y los sentimientos humanos.

Somos formados y creados con un cerebro capaz de tantas habilidades y capacidades que los sicólogos que estudian la ciencia de cómo trabaja el cerebro, no han podido entender y explicar con toda plenitud su funcionamiento completo.

¿Cuántos de nosotros los seres humanos amamos la naturaleza que tenemos a nuestro alrededor y podemos disfrutarla?

Hay muchas diferentes maneras en que admiramos la naturaleza como lo es: salir afuera y ver las flores, contemplar las diferentes aves y sus colores, ver la lluvia caer y recordar nuestra infancia si somos adultos, respirar el aire fresco de la orilla de la playa, ver un niño reír y sentir esa emoción de ese buen sentir de paz. Como seres humanos se suele siempre pensar que a pesar de todas las diferentes circunstancias o situaciones difíciles que en la vida enfrentamos hay una esperanza de algo mejor. Creemos, que, de alguna manera, o de alguna forma u otra, Dios durante el tiempo hará que todo caiga en su lugar debido y que sobreviviremos cualquier reto que traiga el curso de la vida.

Somos formados y creados con un cerebro capaz de tantas habilidades y capacidades que los sicólogos que estudian la ciencia de cómo trabaja el cerebro, no han podido entender y explicar con toda plenitud su funcionamiento completo.

¿Cuántos de nosotros los seres humanos amamos la naturaleza que tenemos a nuestro alrededor y podemos disfrutarla?

Después, seguimos pasando a otras etapas de la vida como lo es la vida de adultos con muchas responsabilidades, hijos, nietos y lo que es el placer de tener una familia. Lo lindo de todo es que aun en esta etapa de la vida todavía se mantiene una esperanza que el futuro seguirá brindando mejores oportunidades.

Manejamos de la mejor manera el arreglar lo que consideramos errores de la vida y sus consecuencias. Tratamos de redimir lo que pensamos que hemos perdido y con todo y eso siempre la esperanza nos mantiene vivos cada día.

Disfrutamos del amor, la familia, la naturaleza y sobre todo la fe de que existe un ser supremo por encima de la humanidad, quien nos sostendrá y nos dará vida, esto es un ancla. Creemos en "Dios" "Jesús" y su "Espíritu Santo" como único y verdadero Dios quien nos formó con mucho amor, con propósitos y según su imagen y semejanza; este factor es el más valioso y lo que nos permite permanecer manteniendo una esperanza viva de que todo irá según su control y su propósito, el cual siempre será de bien para el ser humano.

Todo esto es lo que según nuestro criterio encontramos y llamamos "Normal" o "Natural".

¿Qué pasaría si todo esto que llamamos "Normal" o "Natural" lo comenzamos a ver diferente y lo natural ya no se siente tan natural y aun lo que es "Normal" es de molestia?

¿Qué sucediera si ya la naturaleza que se disfruta como algo hermoso no se le encuentra placer en observarla?

¿Qué sucediera si un niño no encuentra la vida simple ni la puede disfrutar como algo bueno y seguro?

¿Qué sucediera si en la juventud se pensara, que no hay nada mejor que esperar en el futuro y que no importa tanto luchar o ni quizás tratar de mejorar y que no tiene sentido la vida?

¿Qué sucediera si con todas las responsabilidades por el hogar y la familia, aun con todo el amor que se sienta por ellos no se encuentra razón de seguir y pensar que quizás sería mejor hasta no tener existencia?

¿Qué sucediera si ya no se puede disfrutar de la hermosa naturaleza que tanto se disfrutaba, ni tan siquiera se sienta la seguridad y la fe, de que ese ser supremo estaría dispuesto a ayudarte? Algunas de estas emociones y sentimientos en un ser humano pueden ser síntomas de que se está experimentado una "Depresión".

El querer elaborar esta tesis de la depresión tiene la idea de ser presentada a toda persona, no importando nivel social, edad o título ministerial, pero que este atravesando o experimentado un caso de depresión. La mejor intención es que adquieran conocimiento y educación de cómo manejarla, y ayudar a otros en la misma condición.

Su título es: "El Cristiano y La Depresión" porque su enfoque es más dirigido hacia personas que aman a Dios y le sirven con todo amor, convicción y son considerados ser fieles seguidores de Jesucristo. También es presentada para personas con títulos ministeriales, que puedan entender, que no estamos exceptos o excluidos en sufrir o experimentar una depresión en algún momento dado de nuestras vidas.

Mi propósito es primero ayudar y dar esperanza a todo aquel que lea este libro, aunque no se considere cristiano y está pasando por una depresión, a que pueda entender y conocer que no es lo último, que hay esperanza y que no son los únicos que están experimentando o atravesando por esta condición.

Mi interés es también hacer énfasis en que no necesariamente tenemos que espiritualizar la depresión o calificarla como una enfermedad demoniaca o una posesión satánica.

Se quiere concientizar que las enfermedades mentales como la depresión, puede ser una enfermedad como lo puede ser cualquier otra y la depresión puede atacar como lo puede hacer un problema del corazón, la diabetes el cáncer u otra enfermedad que pueda sufrir el cuerpo humano.

Mi esperanza y más grande deseo es que lo que se llama iglesia de Jesucristo en estos tiempos, obtenga y adquiera conocimiento en saber distinguir entre posesión demoniaca, enfermedad mental cuando se trata con la depresión.

Espero poder ayudar, si se presentara tal caso a un ministro evangélico a que puedan dar el tratamiento, ayuda y la esperanza a cualquier individuo que sufra de esta condición. Anhelo que entiendan que en verdad se puede espiritualizar el caso según la dirección del Espíritu Santo y también tomarlo muy en serio y darle importancia al tratamiento médico que se requiere y pueda ser necesario para mejorar tal enfermedad.

Entiendo que este tema de la depresión puede ser quizás de poco conocimiento dentro del cuerpo que se llama iglesia o quizás no se le dé la importancia requerida y que por esta razón no existan los recursos sicológicos ni espirituales para atender asuntos y casos de personas con depresión.

Este proyecto es de mucha importancia, no solo para el que padece de este fenómeno llamado depresión, pero también para esta su autora ya que en su vida personal ha experimentado y vivido en carne propia lo que fue una depresión severa con sus escalas de ataques de ansiedad y de pánico.

Me urge ayudar y dar esperanza a todo aquel individuo que se encuentre en el "cajón o la caja cerrada de la depresión", en el tabú que muchos no entienden, ni comprenden, y ayudar a quienes necesiten el conocimiento preciso, para ofrecer palabras de esperanza, salud, sanidad y liberación.

Capítulo 1

Síntomas de Depresión

Es un día festivo de los más esperados y celebrados en las familias americanas aquí en los Estados Unidos y también para muchos de los hispanos que han tomado esta tradición de celebrar "El Día de Acción De Gracias" o lo conocido como "Thanksgiving Day" o aun el día del pavo para algunos.

Se sienten unos aires de fiesta familiar ya que la mayoría de las familias en ese día se reúnen para preparar platos exquisitos y dar gracias a Dios por todos los alimentos que se van a consumir.

Ya el ambiente se siente diferente en la atmósfera, pues es noviembre y en las Américas la estación del otoño ha enseñado muchos cambios en los árboles. Se acerca un viento un poco frio anunciando que llega el invierno y también otra celebración bien conocida está a la vuelta de la esquina "La Navidad".

En la mayoría de los hogares no falta un buen pavo bien preparado para la ocasión en medio de la mesa y existe el ambiente de mucha festividad.

Les presento el caso de una familia cristiana, quienes al igual que como tantas otras familias, suelen celebrar este día todos los años con mucho entusiasmo y la mayoría de todos los años siempre se escoge un hogar para tal celebración.

El dueño del hogar que se escoge para hacer esta celebración en ese año se encarga de hacer todas las preparaciones, escoger el menú del día, preparar el hogar y procurar entretener a los invitados.

Algunos miembros de la familia comparten sus mejores platos y aun el familiar que no se aparece constantemente se acerca ese día para celebrar. Se siente alegría familiar y amistades cercanas también llegan para la ocasión, sin faltar niños jugando, risas y un buen compartir.

Algo diferente acontece en este día tan especial al dueño del hogar donde se escogió para celebrar esta vez, por lo normal, esa persona era una de las personas más entusiasta en celebrar y animar y entretener sanamente en estas fiestas. Algo acontece esta vez en esta celebración tan esperada, esta persona se siente extraño, pues su cuerpo está sin energías, pareciera como si le alcanzara una fiebre y tiene un dolor de cabeza que no encontraba medicación que se lo pueda aliviar.

Los movimientos físicos de esta persona que normalmente siempre estaba bien energético comienzan a ser lentos y la concentración en lo más mínimo es difícil mantenerla.

El corazón comienza a sentirse bien agitado y aun siente falta de espacio para aire o espacio personal causándole molestia el bullicio y el pecho le duele hasta pensar que quizás es un ataque al corazón.

Le embarga una tristeza de momento de tal manera que ese día festivo que había celebrado antes con tanto entusiasmo no lo puede disfrutar y hasta siente molestia de las risas y del hablar de la gente.

Para disimular un poco les dice a sus familiares que se encarguen de la fiesta porque no se siente bien de salud y se aparta a su dormitorio para acurrucarse debajo de la sabana de su cama.

Un sentido de culpabilidad lo acosa, pues no siente interés ni las energías físicas ni mentales para permanecer en medio de aquella actividad familiar que era tan esperada por muchos de los presentes incluso; había sido una de las favoritas celebraciones del dueño de aquel hogar.

Después de este incidente, estos síntomas se fueron intensificando aquellas palpitaciones fuertes, la tristeza inexplicable, el permanecer encerrado en su cuarto, el no tener apetito ni energías para hacer los quehaceres más básicos del hogar, una desesperanza y un sentir de culpabilidad comenzaron a ser parte de su diario vivir.

Después de pasar un tiempo en esta condición, este individuo decide buscar ayuda y se le instruye que esa condición actualmente tiene un nombre reconocido y que también tenía remedio, esta condición se llamaba "Depresión".

Si usted se encontrara en una situación que tiene que batallar con un enemigo que lo pone en peligro, sería lo mejor primero conocerle para poder contrarrestarle y preparar estrategias en su contra.

Muchas personas no se dedican a conocer más sobre lo que es la depresión y por tal razón algunos no han podido batallarla y han decidido vivir con ella y muchos han terminado con sus vidas por haber perdido la esperanza de vencerla.

Otras personas han preferido no tomarle mucha atención porque no la han experimentado personalmente y piensan que nunca lo tendrán que hacer o quizás han preferido denominarla como solo algo espiritual y no como una enfermedad que los puede atacar a ellos o a algún ser querido.

Incluso, algunos han tomado la depresión como una condición vergonzosa para un ser humano especialmente para un creyente del evangelio de Jesucristo y algunos se toman la libertad de hacer un diagnóstico personal y erróneo.

Algunos de los diagnósticos erróneos son: "Una locura sin remedio", "Falta de voluntad o de Fe en la persona" y el más fuerte y más usado "Una Posesión Satánica".

La mayoría de los cristianos que atraviesan por una depresión, lo mantienen en secreto a causa de estos diagnósticos erróneos.

Si usted es una persona que ha hecho estos diagnósticos no se sienta ofendido, sino que continúe leyendo para que pueda quizás conocer y estar más educados y preparados por si en alguna ocasión tuviera que trabajar o lidiar con un caso de depresión en su familia o en la iglesia o quizás en usted mismo" Si, exactamente, lo leyó perfecto". Usted Mismo.

Creo que, una de las primeras cosas que debemos de aprender seria, cuáles son los síntomas de depresión y si mientras usted lee los síntomas piensa que usted está atravesando o experimentando una depresión busque ayuda médica, busque consejería profesional y sobre todo consejería espiritual de su pastor, esperando que su pastor o líder espiritual se encuentre adiestrado para hacerlo.

Usualmente cuando una persona sufre de alguna enfermedad, van a existir unas alarmas físicas que le indican que algo anda mal en su cuerpo y que quizás necesite ayuda médica.

Se suele rápido pensar en un cuarto de emergencia cuando sentimos algún dolor o molestia en nuestro cuerpo físico, pero no pensamos en ir a un cuarto de emergencia cuando tenemos una tristeza intensa y severa que te quita la paz, la tranquilidad y la esperanza.

Normalmente sentimos pena en algún momento por situaciones dolorosas en la vida, pero en una depresión, esta pena, dolor y tristeza no se quiere apartar y se ha quedado por un tiempo demasiado prolongado.

Ahora, imagínese usted en la sala de emergencia de un hospital o quizás en una cita de su doctor de cabecera sin saber en verdad explicarle porque está allí. El dolor que lo agobia es difícil y muy extraño para explicar; ¿Que diré? ¿Me duele el pecho? ¿Me duele el corazón? ¿Dónde me duele?

El doctor le pregunta y lo único que sabe es que hay una tristeza indescriptible y que la pena ha tomado tanto auge que usted no puede manejar los pensamientos, pues le controlan de día y de noche y hasta le roban el sueño. Solo piensa en sus fracasos de la vida y cree que no hay esperanza de mejorar en nada y parece ir rumbo a un fracaso sin remedio.

La pena y angustia han tomado tanto auge que todo lo que piensa es en su desgracia, de cuán difícil es la vida y cree que nunca nada será mejor, sino que todo el futuro parece ir rumbo abajo.

Quizás tu cuerpo se siente cansado y agobiado en una forma extrema y sin ánimos ni para tan siquiera hacer las necesidades más básicas del día y lo que desea es dormir.

Puede ser esta, una de las razones porque algunas personas prefieren ocultar cuan deprimidos están y aun han llegado a pensar pedirle a Dios que termine con su vida, porque el doctor ya lo examinó y le dijo que todos los exámenes médicos no presentan nada fuera de lo normal. Se puede llegar a pensar que hubiera sido mejor no haber existido que tener que lidiar con tantas emociones y pensamientos negativos y dolores físicos que aun el doctor no le encuentra un diagnóstico médico.

También parece absurdo que haya llegado a tal punto de tristeza que el publicarlo pareciera un acto de bajeza en la sociedad y siente temor de que se le acusara de poca capacidad o que es muy débil o que solo busca excusas para ser dormilón o está llamado la atención siendo dramático.

No basta tener todos estos interrogantes, sino que, también se añade un sentimiento de culpa, pues se comienza a pensar que puede ser culpa propia por no haber tomado mejores decisiones en ciertos asuntos y situaciones que se enfrentan en la vida y que por eso ha llegado a esta situación sin remedio y sin salida.

Según la ciencia, la depresión ocurre cuando se forma un desequilibrio de sustancias químicas en el cerebro las cuales incluyen, serotonina, epinefrina y norepinefrina; estas sustancias químicas ayudan a las neuronas en el sistema nervioso a transmitir sus impulsos eléctricos adecuadamente. Cuando se produce un desequilibrio en estas sustancias químicas, la salud mental se ve afectada de modo adverso.

La depresión no solo puede producirse por factores psicológicos sino también hay diferentes situaciones que puedan causar una depresión tales como:

- Reacciones de medicamentos
- Dolores crónicos
- Baja función tiroidea.
- Cáncer
- Anemia
- Enfermedades del corazón.
- Deficiencias nutricionales
- Artritis reumatoide
- Abuso del alcohol.
- Interrupciones del sueño.

• Consumo de drogas ilegales

• Baja función renal

• Diabetes.

Según “nami”; ciclas en inglés para” National Alliance On Mental Illness”, existen unos síntomas que pueden indicar una depresión:

• Baja energía y movimientos físicos lentos.

• Molestias físicas

• Cambios en la forma de comer (No tener apetito o comer demasiado)

• Agitación de pecho (Se puede pensar es un ataque al corazón)

• Tristeza que dura por tiempo muy prolongado y sentirse irritado sin mejora

• Dificultad para concentrarse y recordar.

• Falta de interés o placer en actividades de disfruta generalmente (Incluye placer Sexual)

• Sentimiento de culpa, desesperanza y gran vacío.

• Malestares físicos constantes como el dolor de cabeza, molestia digestiva y dolor crónico.

• Ideas repetidas sobre el suicidio o la muerte.

"Las estadísticas sobre trastornos de salud mental son increíblemente alarmantes en los Estados Unidos. Se calcula que el 26.2% de estadounidenses adultos, que son aproximadamente una de cada cuatro personas sufre un trastorno mental diagnosticable. Esta cifra se traduce aproximadamente en 57.7 millones de personas". "La depresión puede ser mal atendida, quizá porque puede afectar a las tres partes de su ser: espíritu, alma y cuerpo".

La depresión la mayoría de las veces viene con una compañera llamada "Ansiedad". Según las estadísticas aproximadamente 40 millones de estadounidenses adultos de dieciocho años de edad y mayores, un 18.1 por ciento de las personas en los Estados Unidos, tienen un trastorno de "ansiedad".

Ahora pues, imagínese una maquina descontrolada sin tener un botón de apretar para que deje de funcionar o un carro sin freno corriendo a toda velocidad descontroladamente; así se puede sentir una persona con ansiedad sin tener control de lo que quiera pensar o sentir, en cuanto a las emociones se refiere.

La rapidez de los pensamientos tiene tanta velocidad, que causa que los músculos se sientan tensos especialmente los músculos del cuello, los hombros y la espalda. Por esa razón, fue que este individuo quien estuvimos hablando al principio de este capítulo, después de aquel día que había estado supuesto a ser un día de compartimiento, alegría, gozo y de fiesta se convirtió en el principio de una gran pesadilla.

Esta lo llevo a tal estado que su cuerpo físicamente daba a conocer que algo estaba terriblemente mal, había tanta ansiedad que sus músculos se habían contraídos a tal manera que todo movimiento normal como el caminar, el hablar, el mover las manos o los pies eran lentos y sin energías físicas ni mentales.

Gracias a Dios nuestro padre celestial que nos dejó escrito en el libro de *Isaías 43:2 "Cuando pases por las aguas yo estaré contigo, y si por los ríos, no te anegaran. Cuando pases por el fuego no te quemaras ni la llama ardera en ti."*

"Mucha paz tienen los que aman tu ley, y no hay para ellos tropiezo" -Salmos 119:165

La depresión puede tener otra compañera llamada "Pánico", los ataques de pánico también se pueden convertir en parte de una persona con depresión y ansiedad, esto se siente un temor extremo e intenso a tal manera que se parece como si fuera la persona morir de terror.

Seis millones de estadounidenses adultos de dieciocho años y mayores los cuales son un 2.7 por ciento de la población, sufren un trastorno de ataques de pánico.

No toda persona con depresión, experimenta los síntomas de pánico, pero también se puede dar el caso que una persona bajo depresión experimente también la ansiedad junto con ataques de pánico; tal y como sucedió con el personaje que hemos estado hablando desde el principio; el cual experimentó tanto la depresión, la ansiedad y ataques de pánico.

Los ataques de pánico incluyen los fuertes latidos del corazón, temblores, mareos, falta de aire, dolor como si se estuviera ahogando, adormecimiento en las extremidades, calentones en el cerebro y sentirse como si estuviera perdiendo la mente y la razón. En ese momento podemos acercarnos a la palabra de Dios que nos dice:

"Pero los que esperan a Jehová tendrán nuevas fuerzas; levantaran alas como águilas; correrán y no se cansaran; caminaran y no se fatigaran". –Isaías 40:31.

La vida es hermosa, aun con todos los cambios que traen el curso del tiempo, cambiamos constantemente de una etapa a otra y el estado del momento también cambia, como, por ejemplo: pasamos de ser niños dependientes a jóvenes menos dependientes y después a adultos independientes.

Algunos han tenido la dicha de nacer y crecer dentro de una estructura familiar donde han recibido apoyo, ayuda y confianza, pero otros no han sido tan dichosos de disfrutar de lo mismo y han tenido vidas duras y difíciles desde temprana edad; pero tanto el uno como el otro siguen siendo personas humanas con dificultades y situaciones adversas de la vida.

Estas mismas situaciones adversas pueden mantenerse en un espacio del pensamiento normal que humanamente tenemos, pero en ciertas personas, los pensamientos negativos de sus adversidades pueden tomar más control que los pensamientos positivos y las posibilidades de ser exitosos. Por esa razón se ha comprobado que la mayoría de las depresiones comienzan siempre por los pensamientos.

Desafortunadamente, según el proyecto de investigación que hizo el autor del libro "La Nueva Cura Bíblica Para La Depresión y La Ansiedad" Dr. Don Colbert muestra; que tanto niños como adolescentes se están deprimiendo a temprana edad en estos últimos años. En el 1999 se mostró que adolescentes y niños que involuntaria o voluntariamente participan de actos sexuales tienen tres veces más posibilidad de deprimirse e intentar el suicidio.

Como se había mencionado en párrafos anteriores la depresión se tiene que tratar en tres diferentes áreas el espíritu, alma y cuerpo.

No todo el tiempo se puede denominar una depresión como una posesión satánica, aunque en algunas ocasiones la desobediencia a Dios y su palabra trae consecuencias, pues la palabra de Dios indica que hay que abstenerse del pecado sexual y evitar sus consecuencias. *"Porque la paga del pecado es muerte, más la dadiva de Dios es vida eterna en Cristo Jesús Señor nuestro". Romanos 6:23* y en Efesios 5.3-8, se no muestra; que no se puede vivir en fornicación y en otros pecados que nos privaran de entrar en el reino de los cielos.

El tema de poder ser posesión satánica lo explicaremos en otro capítulo más adelante en donde estaremos presentando el área espiritual y cuáles pueden ser puertas espirituales abiertas.

Hay diferentes clases de estrés que se pueden sufrir:

• "Postraumático": Se calcula que 7.7 millones de adultos de 18 años en los Estados Unidos tienen o sufren este trastorno (P.S.T.D). Esto son personas que sufren después de haber pasado por una experiencia fuerte como, por ejemplo: Sobrevivir un desastre natural estuvo en la guerra, víctima de abuso sexual, violaciones etc....estas personas suelen no recuperarse y reviven sus traumas en su mente aun después de los años.

• "Obsesivo Compulsivo" (T.O.C.): Aproximadamente 2.2 millones de adultos en los Estados Unidos sufren este estrés. Esta son las personas que son incapaces de librarse de pensamientos impulsivos de estar quizás lavándose las manos por miedo obsesivo a los gérmenes o limpiando todo incluyendo su casa la limpia demasiado muy frecuente.

Se califican también la depresión en dos clases:

• Depresión Endógena: Quiere decir que es genética heredada por sus padres o antepasados. La causa biológica no ha sido determinada científicamente.

• Depresión Exógena: Esta aparece como consecuencia de factores exteriores en otras palabras el estrés de la vida lo lleva a un estado depresivo.

Se ha encontrado, que un 90% de estados depresivos obedecen a la "depresión exógena" y acontece principalmente a personas que realizan trabajos mentales y en grandes empresas. Quiere decir que solo un 10% de casos de depresión corresponden a la "endógena" que se ha heredado de algún familiar.

Una persona puede entrar en depresión casi sin darse cuenta, pues las preocupaciones y responsabilidades del diario vivir, son la causa de la mayoría de los pensamientos en el ser humano.

Nosotros los seres humanos somos como máquinas sin descanso que constantemente están trabajando y funcionando y los pensamientos siempre están en acción. Toda clase de depresión comienza siempre en la mente, o sea, en el pensamiento.

En el caso de nuestro personaje en el día de la fiesta familiar, esta persona siempre había sido una persona considerada normal sin ningún problema mental pero su trabajo diario consistía en trabajar con personas enfermas mentales.

Todos los días ocurrían diferentes crisis con estas personas con las que tenía que lidiar, aconsejar, cuidar y emocionalmente era un trabajo de desgate mental y las responsabilidades familiares, sociales, finanzas; todo vino a ser un conjunto de preocupaciones la cual pensaba constantemente y también existía el desgate físico; la falta de un buen descanso y las horas de dormir eran pocas.

Nunca había tenido ninguna clase de problemas mentales y ni aun existían otras enfermedades físicas en el cuerpo. Sobre todo, esta persona era cristiana y fiel seguidor de Jesucristo que confiaba en el poder de Dios, sus promesas, su palabra, la soberanía y el poder de Dios sobre todas las cosas.

Capítulo 2

¿Quién puede sufrir Depresión?

Quizás al escuchar la palabra depresión lo primero que llegue al pensamiento para identificar a una persona depresiva puede ser; una persona mayor de los treinta años en adelante y que en algún momento haya tenido algún problema mental o psicológico.

También podemos pensar solo en una persona que abusa de sustancias controladas como lo es el alcohol y las drogas o aun pensamos en un manicomio u hospital psiquiátrico. También se puede pensar en una persona viviendo en unas condiciones de pobreza o algún desafortunado que ande vagabundo sin un lugar estable donde vivir.

La realidad es la siguiente, y es que desde temprana edad ya pueden existir síntomas y problemas de depresión y se extiende hasta la más alta edad de la vejez.

Tampoco existe raza, color o clase social que quede inmune de esta enfermedad y sería absurdo negar la realidad de la fragilidad de la naturaleza humana, sin excluir a nadie.

En Isaías 40:6 encontramos al profeta Isaías diciendo: ¿Qué tengo que decir a voces?

"Que toda carne es hierba, y toda su gloria como flor del campo" (RV 1960).

¿Qué pasa con la flor del campo? Un día nace y es hermosa, pero al curso del tiempo se marchita, se debilita, es frágil.

Así es nuestro cuerpo humano "frágil" y todos estamos formados de la misma sustancia "barro", todos estamos en el mismo barco y según cualquier enfermedad física como lo es: el cáncer, la diabetes etc.... no tienen edad preferida, así tampoco la enfermedad mental de la depresión.

De la misma manera, la depresión no escoge ni tiene preferencia en que clase social se encuentre la persona; tanto un doctor, profesor, juez, abogado, rico o pobre, cristiano o no cristiano, ministro o no ministro, puede tener en algún momento de su vida un episodio de depresión. Se puede ver el triste caso del comediante americano Robín Williams, quien siendo tan famoso y con la habilidad de hacer reír al mundo, la depresión le ganó la batalla.

Como en muchas ocasiones no hay conocimiento si la depresión sea exógena o endógena puede ser que aparezca en el momento inesperado en la persona inesperada. La triste realidad es que la persona que menos tenemos en mente es quien puede estar pasando por una depresión.

Los tiempos que enfrentamos en este siglo son completamente diferentes a quizás unos diez, veinte o treinta años atrás. Cada día que pasa, al parecer la vida se vuelve más dura, el desempleo en las familias sigue aumentando en los países y en el mundo entero, a la misma vez que la economía está en decadencia. Los crímenes, la preocupación por la seguridad y diferentes problemas sociales pueden afectar al ser humano y causar cierta ansiedad que los puede inducir a deprimirse. No hay clase social que esté lejos de tener conocimiento de todo lo que acontece a nuestros alrededores.

A la misma vez, muchas veces no existe el conocimiento de que ha existido familiares en el pasado que han padecido o sufrido alguna enfermedad mental.

Nuestro personaje, nunca en su vida había tenido conocimiento de tener algún trastorno mental, ni ningún episodio de depresión severa anteriormente.

Nunca había experimentado ni ataques de ansiedad ni pánico y no existía ningún conocimiento de que haya heredado tal enfermedad.

Era una persona educada con algunos estudios de colegio, un hogar con una familia de esposo, hijos, y trabajo como cualquier otra familia que lucha por su bienestar. Estaba supuesto a estar disfrutando de una de las mejores etapas de su vida la cual es la etapa de los treinta años. También era una persona fiel a Dios y a su congregación la cual se congregaba con regularidad y aun llevaba un ministerio.

Todo fue de un gran asombro en aquella familia, encontrar que una persona que parecía tan normal y con control de su vida y sus emociones, pudiera haber llegado a un estado de depresión tan severa.

No había visto ningún familiar cercano que hubiera sufrido de depresión alguna o experimentado alguna clase de enfermedad psicológica y por esa razón tomó a todos de sorpresa.

Así ha sido el caso de muchos diferentes individuos que han sufrido de depresión, pero como nunca imaginaron o pensaron que fuera algo que les afectaría personalmente, nunca tuvieron el deseo o la preocupación de entender más sobre esta enfermedad

Especialmente, si la familia o individuo es cristiano tiende a pensar que solo esto pasaría a una persona que no tiene a Dios y que puede solo ocurrir si es un castigo de Dios o una posesión demoniaca, pero más adelante estaremos abundando en esta área de posesión demoniaca.

El Profeta Isaías describe al ser humano como un ser frágil, y por eso nuestro cuerpo, debe de ser atendido como lo que es 'Un ser humano" hechos de carne y hueso.

La palabra de Dios nos dice en *1 Corintios 3:16-17: "¿No sabéis que sois templo de Dios y que el Espíritu de Dios mora en nosotros? Si alguno destruyere el cuerpo, Dios le destruirá a él; porque el templo de Dios, el cual mora en vosotros, santo es."*

Este texto se puede interpretar de diferentes maneras; Dios nos ha dado un cuerpo para Él poder obrar en nuestras vidas, que seamos testimonio de Él en la tierra y que, si tenemos ministerios, necesitamos tener un cuerpo sano y no maltratarlo.

Usted dirá; ¿pero ¿qué tiene que ver esto? Pues bien, a veces por ser cristianos pensamos ser súper hombres o súper mujeres y no cuidamos nuestro cuerpo debidamente. En muchas ocasiones se trabajan horas extras constantemente, estamos atendiendo asuntos del hogar, de la iglesia, se estudia, se enseña y todo el tiempo el cuerpo y la mente están activa y en eso no hay problema, pero el problema está, cuando no se alimenta bien el cuerpo y muy especial cuando no se le da descanso, no durmiendo las horas necesarias que el cuerpo humano necesita, para reponerse cada día.

El cuerpo necesita sus horas de descanso, según el profesor de psiquiatría y experto en el estudio del sueño y medicina para dormir J. Christian Güillín en la ciudad de San Diego, condujo ciertas investigaciones sobre el trastorno del sueño y señaló que lo máximo que una persona puede estar sin dormir son 264 horas, es decir 11 días. (Journal of Sleep Research)

Se dice que un hombre se mantuvo 18 días sin dormir y terminó con fuertes alucinaciones, ataques de paranoia constante y toda clase de problemas psicomotores.

El punto clave es, que estamos enseñados por la palabra de Dios a cuidar nuestro cuerpo y si no lo hacemos podemos afrentar y sufrir las consecuencias de ese descuido y quien queda afectado por ese descuido en muchos casos es el sistema nervioso. La biblia nos enseña en 1 Corintios 6:19 que nuestro cuerpo es *templo del Espíritu Santo*. Un cristiano puede caer en un estado de depresión, por falta de cuidado de su cuerpo físico por pretender pensar, que, porque es cristiano, lleva un súper cuerpo que no puede alcanzar una enfermedad.

Muchos ministros cometen el error de no tener ninguna clase de cuidado con su cuerpo y no usan la sabiduría y la lógica de saber que este cuerpo necesita buena alimentación y un buen descanso.

Muchas veces el pastor, ministro, obrero siervo de Dios, comete el error de descuidar su salud. Una de las cosas más importantes que se necesita para llevar un ministerio eficaz y poderoso es la salud, pues sin tener su salud, ¿que se lograría? No mucho, te limitas o terminas haciendo nada.

El descuido físico ha llevado a pastores, ministros y a personas que aman a Dios con toda su alma a diferentes enfermedades, no porque Dios no los ha podido librar sino; porque no han usado el sentido de razón de entender que permanecen viviendo en un cuerpo humano y no lo cuidan.

En cierta ocasión escuche un hombre sabio hablando que decía: Si a mí me dicen que afuera hay una tormenta de lluvia y que el tiempo esta malo y frio entonces, no hay razón para usar ese día para repartir tratados cristianos en la calle pues lo que voy es alcanzar una gripe que me tire a la cama por dos o tres días" ¿encuentra usted lógica en esto?, serian dos o tres días en cama sin poder funcionar debidamente.

Puede existir un momento especial que Dios se quiera glorificar y envíe a un siervo a salir en un tiempo de lluvia o temperaturas no adecuadas para el momento, pero tiene que ser por dirección especial y encomienda del Espíritu Santo y así Dios se encargara de librarlo. ¡Claro que Si!

Así mismo, personas tienen dolor de pecho y nunca se toman un tiempo para su chequeo médico y terminan un día con un ataque al corazón que les atrasa su trabajo como ministros y algunos después no pueden ni continuar. ¿Hubiera podido Dios librarlo de ese ataque? ¡Sin duda alguna!

¿Hubiera la persona evitado esa condición? Pues con una buena alimentación, usando la sabiduría que Dios le otorgó al ser humano, hubiera tomado su tiempo y medidas para quizás tener una mejor dieta o alguna clase de tratamiento o medicamentos evitando ese mal momento de enfermedad.

Dios siempre puede salir a nuestro *rescate "Porque no tenemos un sacerdote que no pueda compadecerse de nuestras debilidades..." Hebreos 4:15*, pero que mucho mejor sería no tener que pasar un momento tan crucial de enfermedad si solo hubiéramos usado la sabiduría y la lógica de saber que no somos súper hombres y que nuestro cuerpo inmortal lo recibiremos en el cielo.

Los adultos no son los únicos capaz de sufrir depresión; un niño desde temprana edad puede haber experimento ciertos eventos en su vida como, por ejemplo: la pérdida de sus padres de una forma trágica. Hoy en día, también el enemigo se ha ocupado de tocar y atacar lo más hermoso de la inocencia de los niños y vemos el abuso sexual y físico que sufren muchos de ellos.

Estos tristes eventos, están llevando a una gran cantidad de niños a una depresión a temprana edad; no solo esto serían los factores para una depresión en un niño, la nueva forma más usada por el enemigo de las almas en estos últimos tiempos es la intimidación (Bullying), pero también existen las enfermedades y los impedimentos físicos que pueden causar que un niño se entristezca a tal manera de llegar a una depresión.

De la misma forma que un niño atraviesa por estas situaciones, hay jóvenes también que han pasado por situaciones fuertes en sus vidas donde todo se ha sentido como que la vida es muy dura y muy injusta. También de igual manera, enfermedades e impedimentos físicos pueden afectar grandemente a un joven que haya sido diagnosticado con diferentes enfermedades.

Tengo un caso verídico y el testimonio de esta joven la cual me dio el permiso para hablarles de su propio testimonio, de cómo llegó a la depresión a temprana edad, estas son las palabras, como ella las explica y lo relata:

"Todo comenzó cuando tenía 14 años donde fui abusada física y mentalmente y entré en un estado donde no confiaba en nadie y me encerré en mí misma.

Mientras el tiempo pasaba me culpaba por todo lo que había sucedido y me sentí llegar a mi punto final. Siempre quise a alguien que me amara y estuviera a mi lado, pero sentía no encontrar esa persona.

No podía encontrar paz ni en mi propio hogar y me sentía que me acusaban de todo lo malo que acontecía y comencé a buscar ese amor especial en otras personas como en amigos y maestros de la escuela, aunque fui buena estudiante.

Nunca había aceptado mi forma de parecer física desde que era una niña y aun escuché algunos familiares decir que entre todas mis hermanas eran yo la más fea y mientras seguí creciendo siempre tenía ese pensamiento conmigo hasta llegar a convencerme poco a poco que en verdad en mi parecer era fea.

Todos los días cuando llegaba de la escuela y llegaba la noche lloraba y lloraba hasta no sentir más lágrimas y en lo único que pensaba era en aquellos momentos malos que habían acontecido en mi vida y en aquellos varones que habían tratado de aprovecharse de mí.

A la edad de los 15 años, mi sentimiento hacia Dios comenzó a endurecerse y comencé a culpar a Dios de lo que me había acontecido a mí y le gritaba y le preguntaba si él era Dios, porque había permitido todo aquello que me había herido tanto y porque no me había protegido.

A esa misma edad me diagnosticaron con M.S. (Múltiple Esclerosis) y sentí que las cosas empeoraban. Más coraje comencé a sentir y aun comencé a sentir odio por las personas que me habían hecho daño, así comencé a sentir que la vida no tenía sentido y no le veía el punto del porqué del vivir.

Me encerré en mi cuarto por mucho tiempo y pasaba días y días solo llorando porque tuve que comenzar a inyectarme medicamentos tres veces a la semana y comencé a pensar en diferentes maneras de como quitarme la vida.

Pensé que nadie se daría cuenta si faltaba, pues creía que el yo existir, era una tortura para mí y para otros, pues mi madre me comenzó a llamar lisiada y eso me afectaba tanto que pensaba que no era servible para nada.

Comencé a ver terapistas y psicólogos y todos me daban a tratar diferentes clases de medicamentos y pastillas. Personalmente no me agradaba la idea de tener que tomar medicamentos y hablar con terapistas, pues pensaba que la gente se burlaba de mí.

El único lugar que comencé a sentir que nadie podía juzgarme era sola en mi cuarto de dormitorio y así pasaba los días y el pensamiento de como quitarme la vida, siempre estaba presente.

Comencé a oír voces en mi mente que me decían que me quitara la vida porque mi vida no tenía sentido vivirla, pensaba que no valía para nadie ni para nada.

La primera vez que traté en contra de mi vida fue una noche cuando me levanté y busqué un cuchillo con la intención de quitarme la vida mientras todos dormían, lo tomé y lo mantuve en mi mano por un promedio de diez minutos. Ya cuando estaba a punto de usar aquel cuchillo en mi contra, mi hermana más pequeña cruzó por la cocina para ir al servicio sanitario e inmediatamente lo guardé para que ella no se diera de cuenta.

Unas noches después de esto, decidí que era mejor tirarme hacia abajo por una ventana del tercer piso donde residía, abrí la ventana y me paré en la ventana aguantándome de ella; cuando ya estaba al borde de dejarme caer escuche una voz que entiendo ahora que fue la voz de Dios que me dijo: "No lo hagas".

Cuando escuché aquella voz, me asusté tanto, que corrí hacia mi cuarto llorando sin entender en aquel momento lo que era y nunca le dije a nadie lo que había tratado de hacer esa noche.

Los días pasaron y alguien me invito a visitar una iglesia y aunque sentía rebeldía hacia Dios decidí visitar esa noche. En esa misma noche sentí que Dios me respondía alguna de las preguntas que yo le hacía bajo mi coraje. Sentí poder entender ese mismo día, que había una razón por la cual habían pasado situaciones en mi vida y porque Dios lo había permitido.

Acepté a Cristo a la edad de 16 años y aunque no fue fácil para mí, gloria a Dios que me ayudó a sobrepasar esa etapa de mi vida."

Gracias a nuestra hermana quien la vamos a llamar "anónima" por compartir este testimonio; pues la razón de este testimonio es para dejarle saber que de verdad no hay una edad específica para sufrir una depresión y a la misma vez, quería compartir un mensaje de esperanza especialmente para la juventud.

Aunque la gran mayoría de las personas en depresión han comenzado a sentir sus síntomas después de los treinta años en adelante, no hay exactamente una edad, ni sexo, ni educación social que pueda definir si la persona pueda sufrir una depresión.

Conocí personalmente una profesora de una universidad secular aquí en los Estados Unidos en el pueblo de Massachusetts la cual era muy eficiente e inteligente. Esta dama profesora en la clase de matemáticas comenzó a sufrir una depresión severa hasta que, en cierto momento, tuvo que dejar su profesión e internarse en un hogar psiquiátrico para recibir ayuda médica.

La depresión puede ocurrir en el momento quizás menos esperado y algunas veces es difícil que la persona entienda que está cayendo en un estado de depresión. Esto puede suceder, ya que en algunas ocasiones comienza solo con sentirse irritado por una situación temporaria y por lo general el tener situaciones negativas llevan a sentir irritación y sería normal.

Lo que sucede después es, que esa irritación tiende a extenderse más de lo que sería el tiempo normal y pasa el tiempo y el tiempo y no hay mejoría. Esa irritación comienza a dar un sentir de desesperanza y comienza la persona a pensar que no hay un propósito ni una esperanza de algún cambio positivo en cuanto a su situación negativa.

Ese sentir de desesperanza comienza a formarse en una tristeza que comienza a durar también por un largo plazo de tiempo, y la persona comienza a sentir desesperación se tiende a pensar que nunca la situación mejorará y que todo siempre irá de mal en peor. Cuando la persona abre sus ojos a la realidad, ha caído en un estado de depresión donde comienza a sentir que no hay salida, que todo es un ciclo de calamidad y fracaso donde siempre será lo mismo y lo mismo sin solución ninguna.

La tristeza y el sentirse impotente de hacer cambios en una situación negativa es también un factor que causa depresión.

Las injusticias en la vida, es algo casi imposible de poder escaparse, en algún momento u otro el ser humano va a experimentar el sentirse impotente antes situaciones de injusticia, traiciones, abandonos de seres queridos y otros.

Aun dentro del círculo de lo que se llama "iglesia" o el círculo de personas llamadas "cristianas", estas tristes experiencias pueden suceder. Cuando la impotencia de no poder actuar o accionar en cuanto a ciertos asuntos y problemas, también son factores que llevan a un estado de depresión.

Pero la biblia nos dice en Juan 16.33: "Estas cosas os he hablado para que en mi tengáis paz. En el mundo tendréis aflicción; pero confiad, yo he vencido al mundo.

El querer saber que será del mañana, dé la próxima semana, mes o año, es una aflicción en la vida de una persona en depresión y al parecer todo camina muy lento.

En el libro de Lucas 12:22 encontramos un gran consejo de parte de nuestro Señor Jesucristo que dice: "Dijo luego a sus discípulos: Por tanto, os digo: No os afanéis por vuestra vida, qué comeréis; ni por el cuerpo, qué vestiréis. La vida es más que la comida, y el cuerpo que el vestido. Considerad los cuervos que ni siembran, ni siegan; que ni tienen despensa, ni granero, y Dios los alimenta".

La palabra escrita en la biblia es palabra de Dios la cual es fiel y da vida y salud a quien la toma para sí. En 2 Corintios 4: 7- 8 y 9, nos da una palabra de aliento para cuando se sienta que las fuerzas humanas no existen y las circunstancias parecen ser insoportables; hay unos recursos divinos que encontramos cuando corremos a Dios y la Fe que confesamos en El que nos dice: "Pero tenemos este gran tesoro en vasos de barro, para que la excelencia del poder sea de Dios y no de nosotros, que estamos atribulados en todo, mas no angustiados; en apuros, mas no desesperados; perseguidos, mas no desamparados; derribados, pero no destruidos".

Esta palabra escrita es para todo aquel que quiera depositar su Fe sobre ella, y no importa edad ni estado social, estas lindas palabras y hermosas promesas escritas en ella es para todo aquel quien quiera acudir a quien todo lo puede hacer posible.

Nuestro padre y creador de todo nuestro cuerpo, también nos deja escrito en Romanos 8:35, "¿Quién nos separará del amor de Cristo? ¿Tribulación, o angustia, o persecución, o hambre o desnudez, o peligro, o espada?, nada nos separa del amor de Cristo".

Las palabras más hermosas den terapia espiritual lo podemos encontrar en la palabra de Dios, en Hebreos 13: 5-6 nos dice: "No te desamparare, ni te dejare, de manera que podemos decir confiadamente: El Señor es mi ayudador; no temeré".

Otro verso bíblico donde podemos encontrar un remedio sobre la ansiedad se encuentra en el libro de Filipenses 4:6-8 "Por nada estéis afanosos, sino sean conocidas vuestras peticiones delante de Dios en toda oración y ruego, con acción de gracias, y la paz de Dios, que sobrepasa todo entendimiento, guardará vuestros corazones y vuestros pensamientos en Cristo Jesús. Por lo demás, hermanos, todo lo que es verdadero, todo lo honesto, todo lo justo, todo lo puro, todo lo amable, todo lo que es de buen nombre; si hay virtud alguna, si algo digno de alabanza, en esto pensad".

Hoy en día desde una etapa temprana de la niñez hasta la última etapa de la vejez, tenemos personas sufriendo de esta llamada depresión, no importando su estado social, es una enfermedad que este tocando y alcanzado a todos; hay una palabra poderosa y una terapia espiritual para todo a quien lo necesite que siempre estará, y esta palabra está en la biblia.

Si usted cree en Jesús el estará ahí para ayudarle en su momento más difícil, por eso cuando sienta síntomas de depresión o ansiedad mencione las promesas de Dios para su vida y agárrese de ellas y Dios podrá cumplir su propósito.

Capítulo 3

Depresión: ¿Enfermedad o Demonios?

El gran dilema y la gran pregunta más hecha por personas cristianas que están interesados en conocer sobre la depresión es la siguiente, ¿Son Demonios? ¿Está la persona endemoniada o poseída?

¡Es de mucha lastima decir que la mayoría de las veces siempre la respuesta de todo creyente que piensa conocer mucho sobre el mundo espiritual es la siguiente! ¡Seguro que Si! ¡Tienen que ser demonios sin duda! Algunos hasta posan una cara de molestia y hacen expresiones físicas con mucha seguridad que lo tiene que ser y que lo único que se necesita hacer es reprender al diablo.

En mi experiencia personal, aun buscando la mejor manera de explicar la realidad de este fenómeno, cuando termino de hablar con personas que ya han decidido en su mente que son demonios; me doy cuenta de que no importando cuanto sea mi deseo de enseñarles, ellos no tienen la mentalidad ni el deseo para querer escuchar o entender.

Si esta persona es usted, pues entonces todo lo que tiene que hacer es, orar a Dios, pedir que el Espíritu Santo le dé convicción si es necesario. Espero, que nunca le toque aprender con una experiencia personal.

¿Creemos en la existencia de demonios? Sí, claro que sabemos de su existencia y su realidad. ¿Vivimos obsesionados cuando todo lo acreditamos a satanás y sus demonios? Creo que existe un gran número de personas llamadas cristianas, que así lo hacen.

Desafortunadamente, hay tantas personas que, en vez de ser espirituales, en verdad lo que tienen es altivez de espíritu o quizás solo falta de conocimiento y todo lo quieren satanizar. Sin darse cuenta, muchas personas cristianas, le otorgan más crédito a lo que el enemigo pueda hacer que a lo que Dios quiera y permita en su divino plan o simplemente, no aceptan lógica.

Humanamente muchas veces no se puede descifrar a simple vista, qué Dios tiene entre mano para nosotros, pero se puede confiar en que su plan es perfecto. Fácil es juzgar a otros, lo difícil seria experimentar la situación de otro.

Entender a plenitud las diferentes situaciones negativas en la vida no será posible, pero entender que Dios no ha perdido ni nunca perderá el control, es de donde único podemos recostarnos y confiar.

Son muchas las ocasiones, para más decir, la mayoría de las veces en que he intentado hablar con algunas personas y sin decir mucho ni escuchar bien; lo primero que es escuchado de estas personas es esto: "El Señor reprenda, hay que reprender esos demonios de depresión" y lo dicen con mucha seguridad y convencidos.

¿Como se sentiría usted, si le tocara ir a una cita médica y cuando usted recibe el diagnostico le dicen que usted tiene un cáncer o su problema es sus riñones y necesita ser dializado; o le dicen que usted necesita insulina para controlar la azúcar pues tiene diabetes; y que cuando usted vaya donde un hermano en la fe, a su líder espiritual, su pastor o un familiar, el consuelo que usted reciba es "Usted necesita ser libre de ese demonio y comiencen a reprenderle o expulsarle demonios?. Le aseguro que se sentirá afligido, triste, desalentado y hasta confundido, pues no basta su angustia de la noticia que acaba de recibir, sino que también le dicen que su cuerpo es guarido de demonios.

¿Como se sentiría una madre si lleva a unos de sus hijos al doctor y le digan que su hijo tiene autismo, diabetes u otra enfermedad y le acontezca lo mismo; que cuando lo comparta con sus familiares o amigos y hermanos en la fe el consuelo que reciba sea; "Tu niño está endemoniado".

¿No cree usted que si siempre fuera de esta manera entonces teníamos que estar reprendiendo demonios aun a gente y ministros de Dios que sufren de diferentes enfermedades? He escuchado el dicho que dice: "De algo tenemos que morir" si una persona ya en la vejez, cuando su cuerpo ya no está en la misma salud de su juventud a causa de los años, está muriendo, entonces tuviéramos que decir que está lleno de demonios.

Vamos a ver, que el enemigo si puede en ocasiones tomar posesión y estorbar el cuerpo, pero por esto es necesario tener la dirección del Espíritu Santo para saber distinguir. En 2 Corintios 2:11 dice que no ignoremos las maquinaciones del enemigo, y si leemos, la biblia tiene la manera de darnos a conocer cuáles son las cualidades y la personalidad del enemigo.

En el libro de Juan 8:44 se nos presenta al enemigo como padre de mentira y asesino. El enemigo va a aprovechar cualquier momento oportuno para querer engañar al ser humano no tan solo en una depresión, el enemigo le infunde el deseo de morir o quitarse la vida también con otras enfermedades terminales. Aun personas cristianas atravesando por un gran dolor, han deseado morir.

Las batallas en contra del maligno es algo inevitable en el ser humano y en una persona que ama a Dios, la Biblia muy claro dice: *Efesios 6:12: "Porque nuestra lucha no es contra sangre y carne, sino contra principados, contra potestades, contra gobernadores de las tinieblas de este siglo, contra huestes espirituales de maldad en las regiones celestes".*

Cualquier ser humano que reciba una mala noticia, pase por una tribulación o un momento difícil en la vida, el enemigo, el engañador, estará ahí, para por medio de "influenzas" demoniacas del mundo de las tinieblas, atormentar el pensamiento y tratar de tocar las emociones humanas.

Es muy vital y esencial en la vida de un cristiano, conocer que las enfermedades en algún momento tocaran nuestro cuerpo, quizás por falta de buena alimentación, pocos ejercicios o malos hábitos que traen unas consecuencias. En algunas ocasiones, Dios, igual que a Job, le permite al enemigo tocar nuestro cuerpo físicamente para glorificarse. Dios le permitió al enemigo tocar el cuerpo físico de Job, no que le tocara el alma o se apoderara de él por completo.

También existen enfermedades las cuales las personas padecen desde nacimiento y se requieren tratamientos para la tal enfermedad. Conozco de niños que han nacido con diabetes clase 1 y otros problemas de salud.

La enfermedad no proviene de Dios, pues las enfermedades entraron en la humanidad por causa del pecado, pero tampoco podemos todo calificarlo, como una enfermedad por posesión demoniaca, aunque satanás es el autor de las enfermedades.

El punto clave en este caso es, que satanás usara la enfermedad de depresión para acusar, señalar, desanimar, y si le fuera posible bajo su influencia, poner el deseo de no querer vivir.

Si alguien le abre la puerta y actúa en el impulso, entonces el enemigo tiene autoridad sobre ese cuerpo, pero mientras tanto lo único que puede hacer es, intentar, mejor dicho, puede tentarlo.

Ejemplo grande lo encontramos cuando el enemigo se atrevió a tentar al mismo Jesús en el desierto. Mt 4:1-11

Si se conocen las artimañas del enemigo y conocemos que Dios siempre en la suma de su divinidad dará como resultado algo positivo de lo negativo; esa fe, ese creer, esa esperanza viva, de que existe un ser poderoso y amoroso el cual no ha perdido el control ni lo perderá, nos dará el poder y su espíritu santo para contrarrestarlo.

En Apocalipsis 12:10 se le presenta al enemigo como el acusador, y esa estrategia la utiliza en una persona para que pierda el creer del perdón de Dios.

Una persona cristiana en depresión suele pensar que algo malo ha hecho o que su pecado ha sido tan grande que no importa cuánto perdón pida, no recibirá el perdón de Dios y que estará enfermo y perdido para siempre.

La biblia dice en unos de mis textos favoritos, *Hebreos 4:15- 16 "Porque no tenemos un sumo sacerdote que no pueda compadecerse de nuestras debilidades, sino uno que fue tentado en todo según nuestra semejanza, pero sin pecado. Acerquémonos, pues, confiadamente al trono de la gracia, para alcanzar misericordia y hallar gracia para el oportuno socorro".*

1 Pedro 5:8 nos muestra al enemigo de nuestras almas, como el adversario, que anda como león rugiente buscando a quien devorar. Claro dice: "como león" no es que lo sea, Jesús es el león de la tribu de Judá, solo de Él es todo poderío. *Apocalipsis 5:5 "He aquí que el León de la tribu de Judá, la raíz de David ha vencido".*

El gran enemigo de la creación de Dios nos estorba; nos busca manera de tener batallas y uno de los campos más preferidos para el enemigo, es la mente, la batalla mental. Apocalipsis 9:11 lo presenta como 'Apolion' ¡El destructor!

El enemigo tratará de destruir en todas las áreas que el ser humano se lo permita, por eso una persona en depresión puede ser, que llegue el momento de pensar que morir sería la mejor opción.

Apocalipsis 12:9, dice que él es un engañador, en otras palabras; el buscara la manera de que se le crean sus mentiras.

1 Tés. 3:5 lo presenta como tentador, él va a presentar la tentación en frente y tratará de que los seres humanos o las vidas caigan de la gracia de Dios.

Mt. 13: 19 y 38 presenta al enemigo como 'Maligno" o "El Malo" nada bueno sale del enemigo, pues así mismo lo presenta en Mateo 13: 28 al 39 como el "Enemigo" del ser humano.

El punto que quiero llegar, con llevarle a ver los propósitos del enemigo es, que, aunque él tenga algo que ver con las enfermedades, él no tiene el control en la vida de los hijos de Dios, en aquellos que le sirven apartados del pecado.

Tampoco queremos descartar, que en algunos casos puede ser que la persona por haber abierto la puerta al pecado; haya recibido alguna posesión demoniaca la cual puede tomar parte en su enfermedad y aun así bajo una humillación Dios lo puede libertar.

Esto lo vemos claro en; Lucas 8: 26-39, ahí encontramos al mismo Jesús, reprendiendo demonios, en unas de las historias más conocidas en la biblia.

Aquel hombre que se habla en este capítulo andaba endemoniado y todas las características de este individuo y las cosas que hacía, daban a entender que un poder sobrenatural le dominaba, por ejemplo: estaba desnudo, vivía en los sepulcros y rompía las cadenas con la que trataban de atarlo.

Jesús, quien es Dios, tenía el conocimiento de cual era aquel problema, no le dijo que quedaba sano, les dijo a los demonios que salieran de aquel cuerpo, pues el momento requería una liberación para aquel pobre hombre.

¿Qué historia nos cuenta la biblia de como aquel hombre llego a ese estado de posesión? no lo sabemos, pero si sabemos que en Jesús hay autoridad para echarlo fuera.

Existen otros casos en la biblia donde Jesús reprendía demonios de enfermedad, ejemplos: *Mateo. 9-32:33, "Mientras salían ellos, he aquí, le trajeron un mudo, endemoniado. Y echado fuera el demonio, el mudo hablo; y la gente se maravillaba, y decía; Nunca se ha visto cosa semejante en Israel".*

-Mateo 12-22 *"Entonces fue traído a él un endemoniado, ciego y mudo; y le sano de tal manera que el ciego y mudo veía y hablaba".*

-Marcos 5:8 (El mismo individuo de Lucas 8 26:39) Porque le decía: Sal de este hombre, espíritu inmundo.

-En Mateo 15-21:26, allí vemos una historia de la hija de esta mujer cananea donde ella dice que su hija era gravemente atormentada por un demonio, y en el versículo 26 dice que aquella muchacha quedo sanada en la hora que su madre creyó en Jesús.

-Marcos 9 -17:29 allí vemos otra historia de Jesús reprendiendo demonios a un muchacho en el versículo 25 dice "Y cuando Jesús vio que la multitud se agolpaba, reprendió al espíritu inmundo, diciéndole: Espíritu mudo y sordo, yo te mando, sal de él, y no entres más en él.

Mientras leemos estas historias, es interesante ver, que en verdad Jesús, la mayoría de las ocasiones, no decía: "Sal demonio de sordera"; como por ejemplo en el primer caso de Mt. 9:32 dice le trajeron 'un mudo' después lo separa y dice "endemoniado".

Después que Jesús expulsa fuera aquel demonio, las cuerdas vocales comenzaron a hacer su trabajo normal y el muchacho comenzó a hablar, dando entender que aquel muchacho tenía un demonio que le estorbaba la habilidad de hablar.

En el segundo ejemplo de Mt.12:22 dice: "Un endemoniado" que era "ciego y mudo" y después fue libertado y claramente dice; "A tal manera" aquel hombre recibió una liberación a tal magnitud que aquel demonio tuvo que soltar, no solo las cuerdas vocales, sino dejar que los tímpanos del muchacho hicieran su trabajo.

En Mt 4:24 dice: y se difundió su fama por toda Siria; y le trajeron todos los que tenían dolencias, los afligidos por diversas enfermedades y tormentos, los endemoniados, lunáticos y paralíticos; y los sanó.

Jesús hizo muchos milagros de sanar enfermedades y también liberó a muchos de demonios, bien claro vemos, que se dividen o se separan los enfermos de los endemoniados, aunque los sano a todos.

Si observamos, no en todas las ocasiones Jesús reprendía demonios de enfermedad, aunque en otras, Sí, lo hizo.

La biblia dice en Romanos 6:6 que el pecado, no puede habitar en nosotros, por eso es que no podemos abrir esa puerta de pecar pues el enemigo aprovecharía esa oportunidad.

Con estos capítulos, estamos haciendo una presentación de este personaje que desde aquel día de aquella celebración de "Acción de Gracias", había comenzado a sentir síntomas de depresión.

La situación y la salud de esta persona no mejoraba, no ocurrían cambios, todo lo contrario; aquella persona llevaba semanas sin poder comer y sin dormir; por lo tanto, su cuerpo estaba débil a causa de no tener las proteínas, vitaminas, el descanso y horas necesarias que el cuerpo necesita; por esa razón los músculos se contrajeron y no había fuerzas físicas ni para mantenerse en pie.

¿Pudo aquella persona haber pecado? Quizás pudo haber tenido debilidades o faltas, pues la perfección se alcanzará al máximo cuando lleguemos al cielo, pero al pensar en la posibilidad de esto, pidió perdón a Dios, pues había sido una persona fiel a Dios, a su congregación y aun ministraba la palabra de Dios con denuedo con señales de los dones del Espíritu Santo.

¿Puede Dios habitar en un vaso sucio? ¿Puede el Espíritu Santo habitar junto en un cuerpo con los demonios? Claro que la contesta es negativa, no es posible, pero tenemos un adversario, un acusador, un engañador, quien nos quiere destruir, de seguro que tratará de hacer sentir desesperanza.

En Gálatas 4, encontramos al apóstol Pablo diciendo, que él había sufrido de una enfermedad que al parecer era de su vista, pero: ?dejaba Pablo de ser siervo de Dios por esta causa? No, el siguió haciendo la obra de Dios, incluso le pidió sanidad a Dios y no la recibió, sino que Dios le dijo "Bástate mi gracia" porque mi poder se perfecciona en tu debilidad.

El enemigo no puede habitar junto con la luz, pues él es tiniebla, él puede zarandear, estorbar, molestar no necesariamente dentro del cuerpo de un verdadero cristiano. Colosenses 1:13 dice: *"Nos ha librado de la potestad de las tinieblas, y trasladado al reino de su amado hijo, en quien tenemos redención con su sangre"* Juan 1:15 *"La luz en las tinieblas resplandece, y las tinieblas no prevalecieron contra ella".*

En el capítulo 1, se explica, lo que sucede en el cerebro de una persona con depresión, científicamente se ha comprobado el desbalance químico que sucede en el cerebro, igual como una persona con un desbalance de azúcar.

Por lo natural cuando una persona recibe información de alguna enfermedad en su cuerpo, la persona se entristece o se deprime, pero al tiempo puede mejorar y adaptar una manera de vivir normalmente.

No solo la persona se entera de su enfermedad sino, que cuando va al médico, recibirá mucha información sobre los tratamientos, medicinas, terapias y otras cosas que le ayudarán.

Satanás puede aprovechar el caso de una persona sea cual sea la enfermedad para infundirle temor, confusión, pensamientos negativos y hacer sentir emociones negativas usando sus influencias del mundo espiritual de las tinieblas.

El trabajo del enemigo es exactamente poner estos sentimientos de desesperanza, donde aún hemos visto personas que están tan cansados de su enfermedad que solo desean que llegara el momento de su muerte e irse a morar con el Señor.

La enfermedad es de molestia al cuerpo, nos restringe de operar normalmente en ocasiones en los quehaceres más básicos y esto causa cansancio; el sentirse inútil al nivel que la persona se siente quizás de carga para otro, por eso llega el momento de desear partir con el Señor a un lugar sin dolor y sin sentir que es carga para otro. La realidad es, que hay siempre alguien que prefiera vivir cuidando a un ser querido que vivir sin la existencia de ese ser querido.

En un ataque de pánico, la mente puede correr como un carro sin freno o como una máquina de manigueta que ha perdido su control. El cerebro se puede sentir caliente como ardiendo en fuego, el descontrol puede ser tal que el cuerpo comienza a temblar y algunas veces siente como recibir cantazos eléctricos.

La depresión, se puede manifestar de una forma diferente como, por ejemplo: la persona no soporta estar al lado de gente ni el ruido y quisiera encerarse solo, o quizás sea todo lo contrario no soporta la soledad y quiere estar al lado de gente.

El hablar, puede solo ser una forma de hacer que su cerebro se mantenga concentrado en otra cosa y no en el horrible sentir en la cabeza. Por eso el dejar que una persona con depresión se pueda expresar es importante en una sección de consejería pastoral o si usted solo quiere ayudar, no necesariamente como líder espiritual.

Se pierde peso o se gana peso, pero en este caso la persona había perdido una gran cantidad de peso, pues sentía que la boca del estómago no aceptaba alimento. Una persona en depresión puede sentir, náuseas, vómitos y hasta diarrea.

Era muy fácil poder llegar a la conclusión de que esta persona de quien estamos presentando, estaba endemoniada, pues lloraba desesperadamente, temblaba descontroladamente, se quejaba de mareos, náuseas, y más síntomas, pero entonces: ¿porque no salían demonios? ?Que sucedía? había siervos y siervas, no solo orando sino también en ayunos de muchos días.

Nada acontecía, no salían demonios, no sería que aconteció como en Juan 9:1-8 donde los discípulos preguntaron a Jesús: *¿Quién pecó, este o sus padres?* Respondió Jesús: *No es que pecó este, ni sus padres, sino para que las obras de Dios se manifiesten en él".* ¡Aleluya!

Fueron pastores, ministros, líderes espirituales, obreros, etc....en conclusión muchos llegaban al hogar de esta persona y comenzaban a dar patadas en el piso, tirar gritos de reprensión de demonios solo para que esto fuera de mucha causa de angustia para esta persona supuestamente endemoniada.

¿Aquellos siervos no tenían poder? Claro que para algunos esa sería la respuesta, pero, incluso aquellos que ayunaban con denuedo y oraban por largas horas, no lograban entender a capacidad, porqué nada acontecía, por qué no había mejoría alguna, y porque no salían demonios.

Aquella persona, bajo aquella condición de deterioro testifica haber tenidos experiencias espirituales con el Espíritu Santo en los pocos momentos que podía dormirse, incluso dice; que en una ocasión el espíritu santo vino y le canto una alabanza.

Mientras un familiar oraba en las rodillas de esta persona pidiéndole al Espíritu Santo que, si sabía cantar, le cantara una alabanza para que tomara un descanso de su condición mental, y así Dios lo hizo, en un momento, la persona quedó dormida y vino un personaje y le cantó una hermosa alabanza. ¡Gloria a Dios!

Ahora pues. ¿estaba satanás tratando de aprovechar aquel momento débil de la persona queriendo tomar ventaja?

Los padres de esta persona, quienes eran fieles siervos de Dios, humildes y dados a la oración y el ayuno, al darse cuentan que la situación no mejoraba, y no salían demonios, decidieron llamar un siervo ministro de Dios reconocido por tener un ministerio poderoso de reprensión de demonios.

Este ministro viajó a ver la persona, se hizo un clamor y se oró al Señor, el ministro comenzó a hacer preguntas a esta persona sobre Jesús y la palabra de Dios.

Cuando aquella persona contesta las preguntas sobre Jesús y la palabra escrita en la biblia, aquel ministro se vuelve a los familiares y le dice: Esta persona no está endemoniada, esta persona lo que necesita es ayuda médica.

A la conclusión que quiero llegar en este capítulo, es que no necesariamente son demonios en la persona cuando viene a un caso de depresión o ansiedad o ataques de pánico.

No se puede descartar la idea tampoco que en algunas ocasiones pueden existir posesiones demoniacas si la persona ha dejado la puerta abierta a través de pecado.

Igual como Jesús reconocía, que hacer en el momento preciso, si era reprender o solo sanar o hacer un milagro, cada uno de sus siervos deben estar llenos de la presencia del poder del Espíritu Santo para poder distinguir entre posesión por pecado o enfermedad, las cuales Dios puede manifestar su maravilloso poder sea cual sea a la conclusión que lleguen.

En mi vida personal como ministro he tenido que trabajar con muchas personas en depresión, pero en mi experiencia personal, en medio de tantas personas que he tenido que ayudar, han sido muy pocas las veces que Dios por medio de su Espíritu Santo me ha dicho: "Reprende", y al reprender han quedado al instante libres de su angustia.

No se descarta el creer que Dios todavía tiene el poder para sanar y hacer milagros, pues hay casos que Dios actúa en un milagro al momento o hace una sanidad que conlleva un poco de tiempo en terminar la obra.

Es muy importante el tener el discernimiento de espíritu, el cual es el don de distinguir cual clase de espíritu está actuando en un momento.

El reconocer si hay que reprender o solo orar por un milagro o una sanidad es importante en un ministro, pues puede ser, que en vez de ayudar a alguien deprimido, usted ayude a aumentar los síntomas de depresión solo por no tener conocimiento y descernimiento de Espíritu.

No es un pecado ni falta de Fe, decir a una persona que necesita ayuda médica, usted puede ser parte de una recuperación de una persona en depresión, con solo usted pedir dirección a Dios en qué hacer y qué pasos tomar en un caso de una persona cristiana con depresión.

El querer demonizar o satanizar todo estado que se vea de depresión en un cristiano, lo puede llevar a la persona a la conclusión de que Dios no está con ellos y que los demonios han tomado control de su cuerpo no importando cuanto hayan cuidado de su vida espiritual.

También usted como ministro de Dios puede hacerse ver mal frente a una situación, donde usted reprenda y nada acontezca, se verá como que no estaba preparado en lo espiritual, para enfrentar una situación de liberación, si cuando usted reprenda, no salen demonios.

Cuando una persona cristiana, comienza a creer que está endemoniada por más que se guardó para Dios, el enemigo aprovecha la oportunidad y le tira el pensamiento de que no vale la pena ni clamar a Dios por misericordia, y que pudiera ser un castigo de muerte.

Una persona con depresión necesita saber que alguien los ama y por eso se tratan estos casos con mucha delicadeza. Son seres humanos que necesitan sanidad, amor y compresión y no a alguien que le recuerde cuan débil son o cuantos errores han cometido.

Mantenga siempre en mente, que usted no está impune a poder ser tocado por la depresión en algún momento de su vida y que estamos llamados a amar a nuestro prójimo como a nosotros mismos.

Para desglosar todo este capítulo en pocas líneas: la ciencia ha encontrado el desbalance químico en el cerebro de una persona en depresión, es una enfermedad como otra, pero si el enemigo quiere aprovechar en ese momento de enfermedad, entonces debemos ser dirigidos por Dios a reprender toda "influencia", "no posesión demoniaca", que quiera estorbar a un cristiano atravesando por una depresión.

El mismo Jesús que anduvo por las calles sanando al afligido por diferentes enfermedades, es el mismo Jesús de hoy, que aún no ha perdido su poder para seguir sanando toda enfermedad con su sangre preciosa. Isaías 53:4: *"Ciertamente llevó él nuestras enfermedades, y sufrió nuestros dolores..."*

Capítulo 4

Personajes Bíblicos en Depresión

En este capítulo estaré mencionando algunos de los personajes bíblicos que son mencionados en la biblia bajo una depresión.

Usted dirá que la biblia no menciona a nadie directamente con depresión incluso, la palabra depresión no se encuentra en la biblia.

Según el conocimiento que hemos adquirido en estos tiempos en cuanto a la depresión, podemos ver que, en algunos momentos difíciles en las vidas de algunos personajes bíblicos, nos dan a entender que estaban pasando por un momento de depresión.

Como primer personaje encontramos a Moisés, hombre educado en la casa del Faraón y gran siervo de Jehová quien hizo una de las hazañas más poderosas leídas, encontradas en la biblia.

Este hombre de fe, que aún hoy nuestros niños conocen y quien durante generaciones hemos contado su historia de cómo fue el vaso útil para liberal a Israel de la esclavitud; en el libro de Hebreos:11:27 se le conoce como quien: *"se sostuvo como viendo al invisible"*.

Moisés le llegó un momento de cansancio, sintió el peso del pueblo, se sintió solo y cargado y hasta dice que su espíritu desfallecía; lo encontramos en Números 11:14-15, donde deseaba la muerte, deseaba la muerte porque se sentía sobrecargado con toda la carga del pueblo.

Es por eso que aún un pastor o ministro pueden ser unas de las personas más cercas a sentir depresión. Hay veces que la carga del pueblo, las presiones de los problemas y situaciones, las traiciones de hermanos falsos, el peso de la familia, finanzas y etc... Aun sus propios problemas personales, son una gran razón para llegar a sentir una depresión.

Se puede decir que un ministro puede ser uno de los personajes más propensos a deprimirse, pues, aunque sea el llamado de Dios, todavía queda dentro de un cuerpo humano propenso a sentir las aflicciones de los sentimientos humanos.

En Diciembre13, 2013 las redes sociales notificaron que tres pastores se habían suicidado en EE. UU. por agotamiento físico, mental y problemas de depresión. El Pastor: Teddy Parker, de 42 años de la iglesia bautista Mount Zion se suicidó disparándose en la cabeza, después de haber predicado un sermón en la mañana de ese día.

Ed Montgomery, de la iglesia Asamblea Internacional del Evangelio Completo en Illinois, estaba de luto por su esposa y se suicidó.

Pastor Isaac Hunter de Summit Church en Orlando, Florida se suicidó un 10 de diciembre en ese mismo año. Todos estos pastores terminaron con sus vidas por causa de depresión en el 2013.

Así en estos últimos años, hemos recibido noticias de pastores, con una gran vida por delante, con un conocimiento de la biblia, y siendo de bendición para otros, tristemente han terminado con sus vidas por causa de una depresión y desorden de ansiedad.

Uno de los más conocidos fue el joven pastor Andrew Stoecklein aquí en los Estados Unidos, quien en agosto 2018 también termino con su vida dejando una hermosa y joven esposa con sus tres hijos. Más adelante veremos en otro capítulo sobre el "Cristiano y el Suicidio".

Rápidamente, pueden llegar conclusiones de porqué lo hicieron, pero me atrevo a asegurar que por haber tenido un gran título delante de los hombres, quizás algunos de ellos no se atrevieron a pedir ayuda o quizás ni hablar mucho de sus sentimientos y de su batalla mental. Puede ser que la idea de que lo califiquen como un líder débil o perder reputación de ser fuertes los lleve a pensar que fuera mejor batallar una depresión en silencio.

Igual como Dios tuvo una respuesta para Moisés, para animarle o hacer su situación menos depresiva, Dios hubiera hecho con ellos también. También el simple hecho de buscar tratamiento médico hubiera sido de gran ayuda. Dios les dio unas instrucciones de trabajo a Moisés para aliviar su carga y tuviera más paz mental y esa estrategia la vemos en Números 11:16-17.

Dios puso parte de la carga en los sacerdotes del pueblo donde recibieron el espíritu o el querer de Moisés por el pueblo y así Jehová se encargó de darle alivio y solución.

Dios siempre tiene la salida a nuestras situaciones difíciles.

En 1 Samuel 1:1-28 encontramos a Ana, una gran mujer de Dios también en una etapa de depresión. Esta historia donde podemos leer, que la rival de Ana, la otra esposa de su esposo dice: que esta mujer la irritaba, la enojaba, y la entristecía al hacerle burla por ella no poder tener hijos.

La condición de Ana fue tal que dice la historia que ella lloraba y no comía, y tenía un espíritu atribulado y su congoja y su aflicción era de gran magnitud. Aun el mismo sacerdote la tuvo por ebria, y le dijo que digiriera su vino. ¿Suena esto como una depresión? Claro que Si, ella ni comía por causa de su tristeza y lo más posible se sentía débil en lo físico por falta de alimento en su cuerpo.

¿Dejó Ana de ser sierva de Dios, la desechó Dios por su tristeza? Si vemos en la historia en 1Samuel 1:10, 17-18, ella, en medio de su amargura oró a Jehová; Dios contesto su clamor, le otorgó lo que ella deseaba, y después siguió en paz, tranquila y comió y se le fue la tristeza.

Dios no dejará de escuchar a una persona que se sienta deprimida. Hay una gran cura y alivio en la oración.

Elías, el gran profeta de Dios y poderoso en prodigios y señales. Lo vemos en 1 Reyes 19: 2-4, después de ser testigo de la gloria de Dios, ver descender fuego del cielo, observó con sus propios ojos que el Dios a quién él le servía podía "apagar el agua con fuego" y sin embargo; Elías al encontrarse perseguido por aquella malvada mujer llamada Jezabel, se deprime a tal nivel que deseaba morirse, le pidió a Dios que le quitara la vida.

¿No es el deseo de morir un síntoma que hemos mencionado antes en una persona en depresión?

¡Wow! desear morirse, tuvo que haber sido un momento súper difícil para el gran siervo del Señor. Elías, deseaba que Dios quitara su existencia de la tierra, pues en el momento, parecía quizás ser la mejor opción o la mejor solución.

¿Le permitió Dios que muriera? Pues No, Dios tenía una solución al problema, llegarían tiempos mejores.

¿Dejó Elías de ser un gran siervo de Dios por sentirse deprimido? ¿Atentó en contra de su vida? No lo hizo, pero, si hubiera actuado en sus pensamientos el enemigo hubiera quitado de la tierra un gran siervo de Dios y el enemigo hubiera ganado.

Dios haría justicia con aquella malvada mujer, pero todo en el tiempo de Dios. 1Reyes 19:5-8. Dios tenía la cura, pues al el descansar, se quedó dormido, y un ángel le tocó y le trajo alimento, no solo comió, sino también bebió agua, en otras palabras, Dios le fortaleció su cuerpo físico. Después de haber comido y bebido agua su cuerpo se volvió a recuperar y caminó por cuarenta días y cuarenta noches.

Mire si Dios mismo conoce al hombre, porque después Dios le da a Elías más trabajo para hacer, porque él se había entrado a descansar en una cueva y Dios le dice ¿Qué haces aquí? Vuélvete por tu camino y vete a ungir a Hazael por rey de Siria.

Nuestro padre Dios sabe cómo tratar a un hijo con depresión, pues, Él mismo se encargó de alimentarlo, en otras palabras, fortalecer su cuerpo físico. Dios no lo reprende, ni le da una lección o un regaño, sino que, después cuando sabe que está bien vuelve y lo envía a trabajar.

Que hermosa lección, encontramos en esta historia, pues muchas personas en depresión piensan que ese momento malo es el final de todo cuando aún, no es así; Dios tiene más planes lindos y poderosos para los suyos, para los que confían en Él.

No creo en ningún momento se menciona a Dios reprendiendo algo espiritual o posesión en uno de sus siervos sino, que le ofreció la ayuda y lo necesario para que volviera a levantarse de su depresión.

Y que decimos de nuestro próximo personaje, "Job", una de las historias más impactantes en cuánto; "porqué sufre el justo". Aquí en esta historia sobre este personaje hay mucho que decir.

"Job, siervo justo y perfecto delante de Jehová, sin embargo, Dios le da el permiso a Satanás para que lo toque no para que lo posesionara y entrara en su cuerpo, sino para que solo tocase su cuerpo.

Job 2:6-7 satanás lo hirió, lo tocó, le acechó, pero no podía tocar su alma. Job tenía más que razones para deprimirse, había perdido todas sus posesiones, hijos y más. Después por encima de perderlo todo y de forma rápida, su cuerpo está súper enfermo con una sarna lo cual hacía que fuera despreciado y ni aun sus amigos tenían buenas palabras de consuelo para él.

Job se queja delante de Dios, en Job 7:3-4 dice que; hacían meses que llevaba una calamidad, preguntaba: "¿Cuándo me levantaré? La noche es larga y estoy lleno de inquietudes hasta el alba", quiere decir, que a causa de su enfermedad Job no dormía.

En Job 30: 23-26, le dice a Dios: *"Yo sé que me conduces a la muerte"* también le dice: *"Cuando esperaba yo el bien entonces vino el mal" Y cuando esperaba luz vino oscuridad"*. ¿Cuánto se puede relacionar una persona cristiana en depresión con estas palabras?

En Job 6:11,13 dice: *¿Cuál es mi fuerza para esperar aún? ¿Y cuál es mi fin para que tenga aun paciencia? Esto suena como que ya no le estaba encontrado razón a la vida; él decía 'Todo auxilio me ha faltado".* En esas palabras se siente ya estar en desesperanza.

La prueba de Job fue de larga duración, así mismo cuando hay crisis que son prolongadas, y parece que ya no quedan fuerzas para sobre llevarlas, ahí es donde hay una gran posibilidad de sentir depresión.

Le aconteció al siervo de Dios Job, fue tanto el quebranto hasta desear la muerte. Pues en Job 3:11 el expresa: *¿Porque no me morí yo en la matriz, o expiré al salir del vientre?* Si vamos al capítulo 7:15-16, decía el siervo: *"Y así mi alma tuvo por mejor la estrangulación y quiso la muerte más que mis huesos. Abomino de mi vida; no he de vivir para siempre".*

Estas palabras dan a entender la magnitud del deseo de Job no desear vivir y morir, dan a entender lo cual siempre aparecen en una persona en depresión, el sentir no soportar la situación y preferir pensar en la muerte como mejor alternativa.

Uno de los problemas más graves en una depresión es pensar que Dios ha abandonado la persona o la ha desechado, ese pensar puede ser fuerte y peligroso.

Ni aun un siervo como Job, estuvo excepto de este pensamiento pues en el capítulo 30:20 y 21 él dice: *"Clamo a ti, y no me oyes; Me presento, y no me atiendes. Te has vuelto cruel para mí"*.

Muy triste es pensar en el dolor o el problema, pero, cuando una persona comienza a pensar que ya Dios no le interesa su dolor o su situación, pasa a uno de los pensamientos más graves en una depresión.

Es en ese preciso momento donde el enemigo puede aprovechar para hacer pensar mal, del único que en verdad le interesa nuestra vida, quien es nuestro padre y creador Jehová.

En ese preciso momento es donde una persona tiene que hacer uso del fruto del espíritu que se llama domino propio y con la ayuda del Espíritu Santo poder vencer al impulso de ese pensamiento y hacer como hizo nuestro hermano Job en el capítulo 19:25-26-27 dijo: *"Yo sé que mi redentor vive, y al fin me levantara sobre el polvo; y después de desecha esta mi piel, en mi carne he de ver a Dios; Al cual veré por mí mismo y mis ojos lo verán, y no otro, Aunque mi corazón desfallece dentro de mí"*.

Que grande esperanza hay que mantener en la lealtad de Dios, aunque se sienta desfallecer el corazón, sabemos que le veremos obrar a nuestro favor. Job deseó morirse, pero le presentó su problema a Dios en oración y mantuvo su esperanza y confianza. Al final de la historia sabemos que este siervo Job sobrepasó su prueba y recibió grande bendición y recompensa, al final de una gran angustia.

Existen muchos más personajes bíblicos que experimentaron la depresión, los cuales no podemos entrar en detalles en todos ellos, pero tenemos también a Josué; hombre de guerra el cual Dios le había dicho que se esforzara y no temiera. Lo vemos en Josué 7:7 diciendo; *"y Josué dijo: ¡Ay, Señor! ¿Porque hicisteis pasar a este pueblo el Jordán para entregarnos en las manos de los amorreos, para que nos destruyan?" ¡Ojalá nos hubiéramos quedado al otro lado del Jordán!"*

Aun al gran Rey David en Salmos 42; 6 dice: *"Dios mío mi alma esta abatida en mi".*

Podemos encontrar a Pablo en un buen consejo en el libro de Filipenses: 4:8-9, que tenemos paz al enfocar nuestra "Mente" en lo "Positivo" y "Practicar" estas cosas positivas en el reino de Dios.

El problema que existe en muchos creyentes es que se olvidan, que en este caminar del cristiano, no se nos promete una vida sin problemas y situaciones difíciles o enfermedades; sino que el mismo Jesús en el libro de Juan 16:33 dijo: *"En el mundo tendréis aflicción; pero confiad, Yo he vencido al mundo".*

Podemos seguir mencionando más personajes bíblicos tales como; Jeremías mejor conocido como "El profeta Llorón" que siempre andaba en una angustia por la condición del pueblo que no escuchaba la voz de Dios.

Una de las ocasiones lo vemos en Jeremías 15:10 que dice: *iAy de Mí, madre mía, que engendrasteis hombre de contienda y hombre de discordia para toda la tierra!* Eso son palabras de desesperación, de desánimo, de aflicción. Él tenía una queja delante de Dios, pues se sentía perseguido y los demás lo maldecían, pero también volvemos a ver a Dios en diferentes capítulos como en el 21, diciéndole, que los que lo maldecían en ese momento un día iban a pedir su ayuda. Dios tiene respuesta para todo.

Jonás, este hombre profeta, sí que tiene una historia peculiar y muchas razones para sentirse deprimido según la historia. A pesar de su coraje él era un profeta de Dios, Dios hablaba con él le rebelaba y le daba palabra para el pueblo, ¡Que Tremendo!

Lo vemos en el mismo libro de Jonás 4: 3 pidiéndole a Dios que le quite la vida, porque prefería morir. La depresión de Jonás quizás no era por la mejor razón, pero, seguía siendo un siervo de Dios y Dios durante su depresión, le enseñó una gran lección de perdón.

A veces, durante un momento depresivo lo que Dios quiere es dar una lección y hacer que una persona se examine y aprenda a mirar la vida según Dios quiere que la observe.

Específicamente no se le reconoce o se le llama depresión en la biblia cuando se presentan estos casos de estos personajes bíblicos. Se puede observar, que, según lo estudiado y señalado sobre los síntomas encontrados en una persona con depresión, estos personajes son ejemplos vivos de que aun un siervo de Dios puede en algún momento de su vida enfrentarse con este fenómeno.

También se puede aprender que todo tiene la salida y la cura especialmente en la oración y la confianza en Jehová Dios a quien creían y reclamaban que era su Dios.

Según las estadísticas y estudios para los 1980 un 20% de pastores habían confesado haber atravesado por una depresión moderada o severa en algún punto de su vida. Ahora en estos últimos años del 2000 en adelante la estadística dice que un 70% de ministros pastores, batallan con las depresiones algunas moderadas y otra severamente médica.

Desafortunadamente en estos últimos tiempos algunos hasta han llegado al grado de quitarse sus vidas. Se puede decir, que la desesperanza pudo más que la fe y que quizás el orgullo de admitir tener un problema tuvo más fuerza; y el enemigo de su vida le ganó la batalla mental

No Olvidemos el texto antes dicho por el mismo Jesús el cual vuelvo a repetir: Juan: 16:33 *"En el mundo tendréis aflicción; pero confiad, yo he vencido al mundo"*. La misma palabra de Dios tiene consejos tales como lo que encontramos en Filipenses 4:8 el cual nos dirige a saber y entender, donde debemos dejar llevar nuestros pensamientos diciendo: *"Por lo demás, hermanos, todo lo que es verdadero, todo lo honesto, todo lo justo, todo lo puro, todo lo amable, todo lo que es de buen nombre; si hay virtud alguna, si algo digno de alabanza, en esto pensad"*. Tenemos el famoso texto de Filipenses 4:13, Todo lo puedo en Cristo que me fortalece.

No podemos de ninguna forma justificar, que alguien llegue al nivel de llegar al suicidio, cuando la biblia dice claro que *"si alguno destruyere el templo de Dios, Dios le destruirá a él; porque el templo de Dios, el cual sois vosotros, santo es"* 1Corintios 3:17.

Es triste decir, o ver al nivel tan alto que puede llegar una depresión, donde hasta se olvide lo aprendido por el Espíritu Santo; y el área espiritual sea completamente cubierta y controlada por una depresión.

Se puede juzgar con mucha facilidad una decisión tan fatal, pero en verdad no podemos esconder lo real que puede ser un sentir de desesperanza. ¡Oremos siempre por los verdaderos ministros de Dios!

Quiero enfocar y señalar con estos ejemplos de personajes bíblicos, que no importa cuál sea tu posición dentro de lo que se llama el cuerpo de Jesucristo en la tierra, o sea, la iglesia, no quedamos fuera de poder experimentar momentos difíciles hasta llegar a una depresión; más Dios siempre tendrá la salida.

*"No os ha sobrevenido ninguna tentación que no sea humana; pero fiel es Dios, que no os dejara ser tentados más de lo que podéis resistir, sino que dará también juntamente con la tentación la salida, para que podáis soportar...*1 Corintios 10:13.

Capítulo 5
Medicamentos

Vemos estado presentando la historia de esta persona que en un instante inesperado comienza a experimentar lo que es la depresión.

En un día menos pensado, alguien puede comenzar a sentir síntomas de depresión y al no tener conocimiento o información sobre el asunto, puede ser no entender la seriedad y la necesidad de atender su situación.

Para esta persona, todo fue muy inesperado, nunca se había dado el caso de algún miembro en la familia padecer de este fenómeno llamado depresión. La misma persona comenzó a sentir temor de lo que podía suceder si reportaba a un hospital o aun doctor sobre su condición. Como enseñamos al principio, quizás no podía ni explicar en verdad lo que sentía y el temor que se le calificara como una persona "loca" lo detenía de buscar ayuda.

La condición de esta persona fue en deterioro al punto que comenzó a experimentar los ataques de ansiedad y de pánico.

Un ataque de ansiedad es un sentir casi indescriptible y el ataque de pánico es mucho peor tratar de describir. Algunas personas sienten diferentes síntomas cuando le comienza un ataque de ansiedad; algunas sienten que el corazón comienza a palpitar más rápido de lo normal al punto de pensar que va a recibir un ataque del corazón.

Otras personas comienzan a sentir calentón y escalofríos y se ponen temblorosos; también sienten como si fueran a recibir una clase de (flu) o lo conocido como la influenza con dolores musculares y fiebre. Entre todos los síntomas, hay una desesperación e inquietud a tal forma que la persona puede comenzar a caminar de arriba para abajo en un solo lugar y siente le falta respiración. Todo alrededor en muchas ocasiones necesita estar en su lugar requerido, pues en ocasiones, algo sencillo como solo un cepillo de diente fuera de su lugar, puede causar ansiedad.

Si se escala a un ataque de pánico el sentir es aún más intenso y más fuerte, pues comienza entonces los pensamientos a tomar casi control por si solos. La mayor parte de las veces estos pensamientos son muy malos, sobre el porvenir, de lo que será, o quizás el pensar que va a morir, el sentir es casi insoportable.

Comienza un temor por causa del sentir tan inmenso de no tener el control o la manera de poner fin al pensamiento, o al sentir de las palpitaciones fuertes del corazón. Al parecer, este sentir toma completa rienda por sí solo y es muy agobiante sin haber forma de confrontarlo. El pánico es muy difícil de explicar en el momento que se siente, pero en personas con este desorden, en ocasiones, el solo pensar que un ataque de pánico va a repetirse, es una razón para crear otro ataque de pánico.

Hay formas en que podemos a ayudar a una persona bajo un ataque de ansiedad o pánico y son muchas personas que no están preparados para hacerlo.

Les mostraré algunas de las formas que usted puede ayudar a una persona en ese momento difícil de ansiedad o pánico.

Cuando una persona le da a entender que está pasando por un ataque de ansiedad o pánico lo más posible usted con buena intención lo que viene a la mente es decirle, "Cálmate" o "Tranquilízate".

En cierta forma, cuando usted le dice, cálmate o tranquilízate en vez de ayudar, usted puede causar que la persona se sienta aún más angustiada o triste, pues a la verdad, lo que la persona va a pensar es: ¿Dime como lo hago? no es un sentir que se puede decidir detener cuando la persona se lo proponga, le será imposible hacerlo, aunque lo intente.

No es tan simple detener un ataque de pánico, algunas personas le toman años aprender a controlarlos y en ocasiones, solo controlarlos, no sanarlos.

La misma persona siente temor de los síntomas, el descontrol que se está experimentado en ese momento no se hace a propósito, la persona daría todo lo que fuera necesario para poder controlarse.

Lo mejor sería preguntarle a la misma persona, que puede hacer en ese momento para ayudarle y es muy probable que lo único que usted puede hacer es quedarse con la persona sin decir nada, ni una sola palabra, solo quedará a su lado, para darle apoyo con su presencia.

Acuérdese, que la persona que tiene un ataque de pánico o ansiedad tiene un conjunto de síntomas como, por ejemplo: le duele el corazón, siente una gran presión en la cabeza, la respiración corta, náuseas, temblor en el cuerpo, o se le duerme algunas partes del cuerpo, una cosquilla insoportable en las manos y los pies sin olvidar el pánico o terror que algo horrible sucede.

Ahora dígame usted; ¿será tan fácil detener estos síntomas solo porque alguien lo diga?

Es como decirle a un diabético "Comienza a procesar tu azúcar bien" o decirle a alguien con un ataque al corazón "Dile a tu corazón que no te duela".

Decirle a una persona "Cálmate" o "Tranquilízate" es aún más agobiante para la persona, pues; cuanto no quisiera salir de estar preso en su propio cuerpo o preso en su propia mente.

Otras personas con buenas intenciones a veces le dicen a alguien bajo un ataque de ansiedad; “Todo está Bien” “Tu estas bien” “Eso es mental”. La realidad es, que para esa persona los síntomas son legítimos, no son creados en la mente, sino que como cualquier otra enfermedad los síntomas físicos son reales.

El sugerir que quizás la persona está exagerando en cuanto sus síntomas, puede ser causa de más ansiedad y no ayudar en nada en cuanto el sentir más desesperante que puede experimentar un ser humano, bajo un ataque de ansiedad o pánico.

En la mayoría de los casos, las personas de primer instante van a despreciar la ayuda médica y medicamentos, por temor, o quizás con la esperanza de que todo desaparecerá. Otras razones de despreciar medicamentos pueden ser: el pensar que son fuertes suficientes para batallarlo, la necesidad de recursos financieros, el orgullo personal de lo que piensen las otras personas, temor a que sean adictivos y comenzar a depender de ellos y por último si la persona es cristiana, puede pensar que ofende a Dios.

La ayuda médica existe, hay medicamentos que pueden ayudar y claro que hay medicamentos adictivos, algunos son fuertes sustancias controladas, las cuales el cuerpo comienza a depender de ello. La persona tiene que llegar a una conclusión y realizar si desea seguir viviendo bajo una depresión insoportable o tratar alguna alternativa que lo ayude.

Hay diferentes clases de medicamentos antidepresivos y un doctor nunca tratará solo uno, sino, que comenzará a experimentar y ofrecer el medicamento que sea más adecuado, y que más funcione según la persona. Si la persona siente pánico, ese mismo pánico le hará pensar que quizás se volverán locos si toman medicamentos.

Ningún medicamento que sea adictivo un doctor lo receta por un tiempo prolongado, sino solo por un lapso de tiempo que sea necesario y después los descontinua mientras vaya mejorando.

La persona necesita dar información sobre qué efecto está haciendo un medicamento, o si siente que es alérgico a alguno especifico. La mayoría de las ocasiones un doctor de cabecera se negará a recetar medicamentos antidepresivos por tiempo prolongado, aunque algunos lo hacen, existe gran posibilidad que lo enviará a un psiquiatra. Muchas personas tendrán temor de ver a un psiquiatra, pero ellos son los especialistas en esa área de enfermedad y no necesariamente se calificará como una persona loca, le será necesario ver a uno. En una oficina de un doctor en psiquiatría usted se puede encontrar con personas que jamás usted pensó y que están ahí también buscando la misma ayuda.

El a dictarse a un medicamento depende completamente de la persona, si comienza a darse cuenta de una adicción de medicamentos, entonces debe tomar cartas en el asunto, aunque vuelvo y recalco que los doctores conocen cuales son adictivos y siempre tratarán de descontinuarlos tan pronto pase una crisis.

La persona tiene que entender que el tomar medicamentos no es pecado, Dios les dio esta sabiduría a los doctores para poder ayudar, de seguro y muy claro se sabe que los medicamentos se han vuelto en un negocio para algunas empresas, pero eso no es su problema, su problema es que usted necesita ese medicamento para mejorar su situación y estos están a la mano.

Algunos familiares, amistades y personas que aman a esa persona también tendrán diferentes ideas y opiniones, pero la persona que actualmente experimente una depresión, ansiedad o pánico, es en verdad el que está sufriendo en el momento.

Una anécdota muy conocida dice así:Una vez un hombre salió en una embarcación y desafortunadamente le alcanzó una grande tormenta y el barco fue pérdida total y se hundió.

Este hombre, logra salvar su vida, pero quedó en el medio del mar en solo un tablón que lo mantenía a flote; el hombre tenía conocimiento de Dios y comenzó a clamar y rogar a Dios por ayuda. De momento llegó un barquito y un hombre le dice: “ven, sube al barco te ofrezco ayuda” el hombre en el tablón le dice: “No, está bien, se puede ir, estoy esperando por Dios que venga a ayudarme”.

El barquito se fue, el hombre mira hacia arriba y viene un avión y comienza a bajar camillas, baja un rescatista con una soga y le dice “venga, vine a ayudarle, deme la mano para salvarlo” el hombre le dice: “No, está bien, estoy esperando que Dios venga a ayudarme”.

El hombre le implora y le dice, venga, deme la mano, hemos venido a rescatarle, no perezca aquí en medio del mar; pero el vuelve y le repite "No, vuelva a su avión, estoy esperando que Dios venga a salvarme".

El avión y su rescatista se van y rápido aparece otro hombre en una balsa y le dice; "me queda espacio, venga, suba a la balsa para salvarle la vida, el hombre le dice; "No, está bien, estoy esperando que Dios venga a salvarme.

Tan pronto se fue la balsa, el hombre no soportó más en el agua, el tablón se hundió y murió. Dice la anécdota que cuando el hombre llego al cielo le pregunta a Dios: "¡Oye Padre, te pedí ayuda, te rogué que me salvaras y me dejaste morir" ¿Porque no me ayudaste? Dios le dice: "te envié un barco, un avión y una balsa y no quisiste montarte en ninguna".

La Fe de que Dios puede sanarlo no se puede perder, Dios tiene el poder para hacer un milagro si así fuere su voluntad, pero mientras tanto que usted ora por su milagro o sanidad y mantenga la fe, haga uso de medicamentos si fuera necesario.

Personalmente he visto casos donde las personas se han negado rotundamente al medicamento y han puesto en práctica lo que yo llamo "Súper Fe" y después, esas mismas personas los he visto morir dejando familiares, amigos y aun a hijos sufriendo fuertemente su partida.

Escuché en un momento que cuando David enfrentó el gigante, no descartó que el gigante estaba ahí, pero creyó, tenía fe que Dios los ayudaría y venció ¿con que venció? con una honda que tenía en la mano, David tiró la piedra, no hizo uso de una súper fe negando que el gigante estaba allí.

Dios hubiera podido enviar fuego del cielo y matar al gigante, pero David usó lo que tenía en la mano y Dios se encargó de dirigir la piedra. La mayoría de los medicamentos antidepresivos después con la ayuda de un plan con su doctor se pueden ir disminuyendo los miligramos asignados, hasta tomar pocos miligramos o ninguno.

Consulte con su doctor en cuanto a medicamentos, también hay tratamientos naturales, como teces de manzanilla para un calmante y ayudarle a dormir.

Consulte con un nutricionista para llevar un estilo de dieta la cual le ayude, aunque por naturaleza también tomara un poco de más tiempo para sentir cambios si ya su sistema nervioso ha sido severamente atacado.

En 1 Timoteo 5:23 vemos al apóstol Pablo dando un consejo de salud a Timoteo, aconsejándole que no beba agua, sino un poco de vino para las frecuentes enfermedades que tenía en el estómago. Aunque esto del vino sería una polémica la cual no entraremos en detalles, queriendo aclarar que no lo aconsejó a embriagarse, solo que en la uva se encuentra el ácido tartárico que es un antiácido natural.

Dios nos ha dejado grandes remedios para ayudarnos en nuestras enfermedades, Dios conoce que nosotros los seres humanos vamos a necesitar darle uso en algún momento a estos recursos. No creo que Pablo haya perdido la fe de que Dios podía sanar a Timoteo, pero creo que podemos ver que en ocasiones la medicina es lo que Dios utiliza para hacer la obra necesaria en un cuerpo enfermo.

Capítulo 6

"El personaje" Mi Testimonio

Mis amados amigos y hermanos lectores, este personaje de quien hemos estado hablando durante el transcurso de los capítulos de este libro es la autora del mismo.

Después de haber pasado por mi propia experiencia, de haber caído en una depresión casi sin darme cuenta, sufrir duros y terribles ataques de ansiedad y pánico; aprendí la gran realidad de no ser cruel con una persona la cual estuviera atravesando por una depresión.

¿Porque decir cruel? Es muy difícil para una persona que atraviesa un momento duro de depresión y especialmente en un ataque de ansiedad y pánico; tener personas las cuales se crean que teniendo mucha razón y conocimiento espiritual, comienzan a dar patadas, gritos y reprensiones de demonios a una persona bajo esta condición.

Hay una gran posibilidad de que mi persona así lo hubiera hecho, pero ahora puedo decir que, gracias a Dios, aunque no fue de mi agrado, aprendí mucho con mi propia experiencia personal y ahora deseo ser de ayuda para otros y es esta la razón de haber buscado adiestrarme en esto y escribir este libro.

Conocí al Señor desde los 10-11 años de edad y después de esa edad, entre bajadas y subidas me he mantenido amando y sirviendo a Dios.

Después de haber crecido y llevar mis cuatro hijos a los caminos de Jesucristo, Dios me permitió pasar por un proceso fuerte de depresión, lo cual se escaló en ansiedad y ataques de pánico.

En el año 2004, mi trabajo secular era de ser consejera de personas enfermos mentales, era licenciada predicadora en el concilio al cual pertenecía; maestra de instituto bíblico y llevaba un ministerio musical de música cristiana; también estaba en el comienzo de una producción musical.

Me atrevo a decir, que mi vida espiritual era lo más esencial, buscaba a Dios en oración, hacia ayunos, velaba por mi consagración y el agradar a Dios.

Todo era lo que se puede llamar normal, en una familia tradicional, cristiana y alcanzado logros. Habíamos aplicado al banco para un financiamiento para una casa y habíamos cualificado cien por ciento.

Un día pasamos por un momento muy duro e inesperado, donde el enemigo atacó en contra de mi familia, a tal manera que yo pasaba días y horas sin alimentarme y sin dormir por unas largas semanas, alrededor de casi un mes.

Una de mis hermosas hijas, sin darse cuenta había abierto una puerta en su vida en el mundo espiritual. Mi hija que era de buen parecer, muy bonita en cierto, el enemigo comenzó a hacerle creer cosas feas sobre su físico y su auto estima.

En una libreta ella escribía todos sus pensamientos negativos, y todo lo que el enemigo quería que ella pensara de ella misma. Aquellas palabras negativas, satanás las utilizo en su contra, al nivel que logró en cierta manera tener posesión de su cuerpo.

Un día se manifestó algo muy feo en el hogar, donde los demonios hablaban por medio de ella. Mi hija comenzó a ser atormentada día y noche, fueron noches de guerra espiritual, y manifestaciones fuertes.

Comencé a tener que estar con mi hija las 24 horas del día, pues ella sentía mucho temor e incluso ella comenzó a dormir conmigo; en una ocasión, tomó un cuchillo en sus manos y poniéndose el cuchillo en el cuello, los demonios por medio de su propia boca mirándome decía: "Mira, cómo te la voy a matar, como un perro te la voy a matar". Fueron largas horas y días, donde mis ojos se mantenían casi sin cerrar, solo para velar por su bienestar.

No salíamos a ningún lugar, pues se hacían unas manifestaciones no importando donde podíamos estar. Aún recuerdo en un momento dado, tenía que dar mi clase de Instituto bíblico mientras los que eran mis pastores en ese tiempo, quedaron con ella en un cuarto atrás del templo, mientras mi hija solo estaba en el piso siendo atormentada.

Algunas personas no tenían la capacidad para trabajar con este asunto el cual era espiritual, yo entendía que, con el ayuno y la oración, era la única manera que mi hija seria libre.

Mis padres vinieron a ayudarme en cuanto al ayuno y la oración, y Dios nos daba direcciones en qué hacer. Una de las cosas que Dios nos dirigió fue a botar aquella libreta con frases escritas negativas sobre la persona de mi hija. Otra cosa que Dios comenzó a mostrar fue, el de sacar de la casa ciertas cosas, objetos que mantenían puertas abiertas a los demonios, como, por ejemplo: juegos, películas y otras cosas que no nos habíamos dado cuenta de que pertenecían al territorio del enemigo, por lo tanto, él pensaba tener derechos en mi casa.

Un demonio hablaba, era una voz que parecía de ultratumba, horrible voz, hasta un acento muy diferente que mi hija normalmente no tenía. Entiendo que Dios era quien le hacía hablar a los demonios para darnos unas enseñanzas necesarias y decía como pudo penetrar en su cuerpo, y que su plan era destruirla, física y espiritualmente.

En un momento dado, le dijimos a nuestra hija que ella tendría que pelear también para poder ser libre. Ella comenzó a examinar su vida con Dios, a pedir perdón a Dios por sus pecados y a reclamar la poderosa sangre de Cristo.

Un día, bajo un momento de guerra espiritual, le comenzamos a pedir que con su boca comenzara a rechazar todo aquello de ella y a reclamar la sangre de Cristo sobre de ella.

Vimos como ella misma, comenzó como a sacar una soga de su boca, era espiritual, no la veíamos, pero ella jalaba y jalaba, una soga de su boca la cual en muchas veces parecía como si fuera a ahogarse literalmente.

Hizo un movimiento con sus manos como si sacara una espada y comenzó a dar espadazos en el aire, pero en verdad era espiritual y estaba peleando con demonios.

Ella comenzó con su boca a rechazar lo que había en ella, los llamaba por su nombre, y decía: no te quiero en mí, sal de mi cuerpo, no te quiero en mí, sal de mi cuerpo y en medio de una larga lucha, ella quedó libre. ¡¡Poderoso Dios...!! ¡La sangre de Cristo tiene poder! Aquella liberación no sucedió con solo canticos, sino que me dedique a ayunar y vigilar por largos días.

Después de haber combatido en una lucha espiritual, vimos la mano de Dios obrar y al parecer todo volvió a su normalidad. La situación que habíamos pasado en el hogar me llevó a abandonar mi trabajo, no me sentía fuerte para seguir en un trabajo donde trabajaría con personas enfermos mentales, mi mente estaba cansada y mi cuerpo agotado, mi esposo unos días después, perdió su trabajo y aun mi hija perdió su trabajo.

Mis pensamientos constantes comenzaron a ser el cómo podíamos cumplir con las diferentes necesidades del hogar, cómo sobrevivir solo con los ahorros que teníamos, pues cuando pedimos la ayuda al gobierno nos notificaron que teníamos que usar el dinero que teníamos en el banco primero. A ser que por mi propia cuenta había decidido no volver al trabajo, tampoco cualificaba para desempleo. Aun mi directora de trabajo me fue a visitar a mi casa, casi rogándome que regresara, pero no me sentía con la fuerza de lidiar con mi trabajo. El dinero comenzó a desaparecer poco a poco del banco, más adelante el banco nos llevó el automóvil y mi esposo no conseguía otro trabajo. Sin darme cuenta, mi necesidad había tomado mucho auge en mi mente y había caído en una depresión.

No comía normalmente, no dormía bien, aunque parecía estar todo normal, llegaba al templo, adoraba, cantaba y todo, hasta predicaba, pero mi pensamiento era constante en que acontecería más adelante. No sabía que sería cuando se acabara el dinero del banco, ya no sería posible terminar con los proyectos que tenía en mi mente.

Había abierto una puerta a la depresión, y mis pensamientos era solo en la calamidad de lo que había sucedido a mi hija, me dolía pensar en el dolor que ella había atravesado, tenía preguntas delante de Dios.

Un día mi hija me dice: "Mami, un personaje vino a mi cuarto y me dijo que ayunara 40 días", Yo me alarmé, eso me sonaba como demasiado de muchos días, 40 días no es fácil; le dije vamos a orar a Dios y si nos confirma, yo haré los 40 días contigo para ayudarte.

Después de Dios libertar a mi hija, ella había comenzado a tener unas experiencias espirituales y Dios comenzó a revelarle asuntos espirituales aun a usarla con dones del Espíritu.

Pasaron unos días después de ella haberme contado su experiencia y una noche; cuando ya estaba en mi cama, lista para dormir, mi hija apareció en mi cuarto; ella tenía una sábana que le arropaba aun la cabeza, ella también estaba lista para dormir.

No fue con tan solo ella aparecer en mi cuarto, y yo despertar, me di cuenta que mi corazón me latía fuertemente. Aquellos latidos no eran normales, hasta comenzó a temblar mis labios en forma como de tiritar, me chillaban los dientes uno contra el otro.

No sabía porque ella estaba en mi cuarto, y no sabía porque me sentía en la manera que me sentía. Mi hija me dice: "Mami, apareció otro personaje a mi cuarto y me dijo que de ninguna manera me atreviera a hacer los ayunos, y que si los hacía, ella vería lo que acontecería"; le hable a mi hija cuando escuché esas palabras y le dije" "Mañana temprano comenzamos los ayunos".

Tan pronto y dije esas palabras, caí al suelo, pensaba que me estaba dando un ataque al corazón, comencé a clamar a Dios en voz fuerte, pero mi voz ya no era voz fuerte, sino gritos. Mi corazón parecía salir por mi boca, mi cuerpo comenzó a temblar a tal manera que me dolía el cuerpo; mi boca se sentía contraerse y quedar trinca, y un terror horrible se apodero de mí.

Comencé a tratar de calmar aquel sentir casi sin lograrlo, pero no quería que mi hija, se asustara. Estuve todo el resto de aquella noche en la sala de mi casa, pidiendo a Dios misericordia y como pensé que el asunto era espiritual, ni pensar ir al hospital.

Unos días después, día festivo, donde todo estaba preparado para celebrar entre familia; un pavo bien preparado en mesa, diferentes carnes, alimentos y postres de todas clases, niños jugando, casa llena, familiares, amigos, música y afuera todo parecía una temperatura perfecta para la ocasión.

Allí me doy cuenta de que no puedo disfrutar de la compañía de mis familiares, me siento algo así con un síntoma de lo que se llama influenza o (flu).

Me molesta el bullicio que antes nunca me había estorbado, no podía alegrarme, ni reírme como los demás y solo lo que deseaba era encerrarme en mi cuarto, apagar la luz y acurrucarme debajo de la sabana.

Comienzo a sentir un sentimiento de culpa por no poder explicar porque no podía atender mis propios visitantes en mi propio hogar, mi propia familia.

Tenía deseos de llorar, pero no sé porque llorar, me duele la cabeza, no tengo deseos de comer nada de aquel banquete que había preparado; deseaba que todos se callaran, aun la risa me estorbaba.

No pude hacer aquel día lo más mínimo, no porque no quería sino porque no podía. Le dije a mi familia: queden en la casa, no se vayan, pero yo voy a mi cuarto, no me siento bien.

Esa semana me tocaba predicar en el último día de campaña de damas en la congregación que pertenecía, la presidenta de damas me pidió si podía cerrar con broche de oro ese evento.

El mismo día que la presidenta de damas me pidió que predicara, escuché muy claro en mi mente una voz que me dijo: "No vas a predicar otra vez, si lo haces, te haré volverte loca".

Mis primeras palabras rápido fueron "Seguro que lo haré, eso fue lo que Dios me ha llamado a hacer, predicar su palabra" y reprendí.

Llegó el día del evento y Dios se manifestó a través de mi persona, para la gloria de su nombre y de una manera poderosa, donde los dones del Espíritu fueron reales en aquel lugar y una bendición bien fuerte sobre la iglesia.

Cuando culminé ese día Domingo de predicar, vuelvo y escucho la misma voz que me dice: "Te atreviste a predicar otra vez, ya veraz lo que te va a suceder".

No muchos días después de aquel momento que no pude atender mi familia en un día festivo, me doy cuenta de que no puedo realizar ni los más mínimo de actividades diarias, no siento hambre, no puedo dormir, me duele el cuerpo y me duelen los músculos.

Entraba en mi cuarto, me arropaba de pies a cabeza, mi cuerpo se sentía débil, meditaba en el Señor y pedía misericordia.

Ya sintiendo un sentir muy extraño en mi cuerpo, otro domingo, no muy lejos del día que prediqué; estoy en el templo en un culto regular de adoración, canté, adoré a Dios como siempre acostumbraba a hacer en la banca de al frente, llega la hora de la predica y el que era mi pastor en esos días comienza la predicación.

Mientras el pastor predica, lo estoy escuchando y mirando, pero para mi sorpresa, no lo podía mirar bien; lo miraba, así como empañado, como borroso y sus palabras ya casi no las puedo escuchar.

Me comenzó a dar el mismo sentir de aquella noche en mi casa cuando mi hija fue al cuarto. Mi corazón comienza a doler por las fuertes palpitaciones que daba, mi vista esta nublada, mis manos comienzan a temblar, y aquel sentir de terror y miedo se apoderó de mí. Mi cabeza comienza a sentirse caliente, al parecer como si fuera una fiebre súper alta y me dan deseos de vomitar. Al darme cuenta que no puedo mirar al pastor, y todo ese sentir es horrible de malo y extraño, decido levantarme y caminar al otro lado de la iglesia, donde normalmente se sentaba la pastora y el mareo era tan fuerte que sentía desmayarme.

Algunos hermanos, mientras caminaba, me preguntaban si todo estaba bien, pero yo no contestaba, solo seguía caminando. Cuando llego al otro lado, donde estaba la pastora, me desplomo, me desplomé sobre de ella; ella no sabe que me sucede, el pastor está mirando lo que sucedía.

Comienzo a llorar descontroladamente, pensaba en verdad que me iba a morir, no entendía, pensaba que dejaría mis hijos atrás jóvenes y que ahí mismo moriría.

El pastor paró el mensaje y comienza toda la iglesia a clamar y otros a llorar incluyendo mis hijos y mi esposo que estaban en aquel culto, ellos viéndome en el piso, comenzaron a llorar sin entender que me acontecía.

Toda la congregación comenzó a orar por mí, mientras yo misma no tenía pleno conocimiento de lo que me pasaba.

El sentir extraño en mi corazón no desaparecía, y el temblor en las manos tampoco paraba.

La pastora me lleva a la oficina de la iglesia y detrás de ella entra también un profeta que en esos días pertenecía a la congregación.

Aquel profeta comienza a ministrarme de parte del Espíritu, y me dice: "Sierva, se fuerte, pues el Señor te dice que lo peor está por venir", mi sentir en el pecho era horrible, como si me lo apretaban con fuerza; cuando el siervo me dijo esas palabras comencé a hablarle desesperadamente y le dije: "No puede ser, que viene lo peor, lo que siento es fuerte suficiente". El profeta me dice: "Dios me dice, que te armes de fuerzas, púes lo que viene es peor". Llegué a pensar que aquel profeta me hablaba mentiras, pero me mantuve en silencio sin decir palabra, pero meditando en aquello.

Me fui a mi casa de mis padres y le dije lo que había sucedido y tenía muchos deseos de decirles que yo no quería ir a mi casa, pero me fui a mi hogar me sentía con un temor bien fuerte.

Un día, quizás un día o dos después de aquel evento, le digo a mi esposo que atienda el hogar y entro al cuarto para volver a acurrucarme debajo de las sabanas de mi cama; comienzo a sentir que se cierran las paredes, me azorocaban las paredes, no hay suficiente espacio para respirar y entra una desesperación.

Me palpita el corazón más rápido de lo acostumbrado y comienzo a pensar que es algo espiritual y comienzo a orar y a pedir ayuda a Dios.

Comienzo a sentir fobia de las paredes, otra vez me palpita el pecho demasiado fuerte parecía que iba a padecer de un ataque al corazón.

Mis pensamientos ya no son tan fáciles para acomodarlos pues al parecer, tomaron su propio rumbo como un carro sin freno o una máquina que no sabe cuándo apagarse.

Salgo casi gritando del cuarto, mi esposo está en la cocina con mis hijos preparando la cena de ese día y le digo a mi esposo: sácame de esta casa, me muero, sácame de esta casa parece que hay demonios en las paredes.

Mi esposo, me dice: ¿Qué te pasa? Mis hijos me comienzan a mirar con ojos de temor, nunca habían visto a mami en una condición así en la casa. ?Como era que mami estaba llorando tan fuerte otra vez y descontrolada? Mi esposo deja todo atrás, creo que hasta un pollo dentro de un sartén de aceite quedo atrás y me pregunta a donde quería ir; me lleva al automóvil, comienza a conducir y todo lo que está en mi pensamiento era abrir la puerta y tirarme corriendo a la calle, pero a pesar de todo entendía que sería una locura.

Mi cuerpo comienza a temblar y al parecer no soportaba ni mi propia piel en mi propio cuerpo, un picor horrible en las manos y en los pies. Parecía que todo alrededor de mi era una pesadilla y lo único que pensaba era llegar a casa de mis padres para que oraran por mí. Un sentir horrible de terror se apoderó de mí, y hasta me dolía la cabeza solo de tratar de pensar y acomodar mis pensamientos.

Mis padres eran fieles siervos ministros de Dios, personas de oración, ayuno y consagración a Dios. Cuando llego a casa de mis padres ellos ya estaban esperándome, pues los llamé antes de salir y rápido comienzan a orar por mí y después de un rato siento solo un poco de mejoría, muy poca.

Esta fue mi primera experiencia con la ansiedad escalando a un ataque de pánico la cual para decirles la verdad a esta etapa no había logrado todavía entender a toda capacidad lo que acontecía.

La ansiedad me comenzó a estorbar, me paraba en el fregadero y fregaba desesperadamente, limpiaba como si ver un plato o algo fuera de lugar era insoportable. Limpiaba aun donde estaba limpio, barría sin necesidad, y la más mínima cosa tenía que estar en su lugar apropiado. Todo lo hacía como si fuera a ser el fin del mundo si no lo hacía.

Con toda mi experiencia de haber trabajado años con personas enfermas mentales, incluso tenía bastante entrenamiento, conocimiento de medicamentos y licencia para administrarlos, pero personalmente no había experimentado el sentir de la paranoia.

La paranoia es sentir ciertas cosas que no son reales en el mundo normal, pero para la persona es tan real como el respirar. En cierta parte de mí, me di cuenta, que muchas cosas de las que yo comencé a hacer, mis clientes en mi trabajo las hacían en momentos de crisis.

Quise pensar que aquello había sido un ataque espiritual y lo más posible no volvería a acontecer; en mi pensamiento decía que yo era una sierva de Dios y vencería al enemigo.

¿Porque pensaba así? Unos meses atrás había tenido un sueño el cual había comentado a la iglesia que pertenecía, el sueño era este: Estaba yo predicando en la congregación y viendo a Dios manifestarse a través de los dones del espíritu; cuando todo termina, salgo afuera del lugar donde estaba predicando y veo un personaje que venía corriendo hacia mi persona con mucha furia.

Había unas hermanas cerca de mí, y una de ellas dijo: "cúbranla pues satanás viene a tocarla" y me tiraron una sábana blanca encima y a través de la sabana yo veía el personaje que venía corriendo donde mi persona y yo lo reprendí, cayó al piso y no logró tocarme.

Al yo creer que todavía Dios habla por sueños, pues tomé esto como de parte de Dios, y dije para mí; el enemigo no puede tocarme.

En otra ocasión vuelvo y tengo otro sueño donde vuelvo a ver este mismo personaje en una actividad donde mi persona estaba otra vez predicando y experimentando los dones del espíritu. El mismo personaje otra vez aparece, pero esta vez logra tocarme.

En mi sueño, me vi tirada en el piso, las personas observándome a mi alrededor, sogas que me mantenían en el suelo y vi que aquella gente me observaba mientras preguntaban, ¿qué me acontecía? Al fin del sueño vi un personaje vestido de blanco que brillaba y después de un tiempo en el piso, cuando yo pensaba que no me iba a levantar, ese personaje me dijo " Ahora te levanto" y me dio la mano, me levantó y aquellas sogas desaparecían.

Aquel día, regrese a mi hogar, solo para darme cuenta de que tenía fobia a la casa, paranoia, yo decía que había demonios en las paredes, aunque no los veía, pero al ver las paredes que me encerraban, pues eso era mi conclusión.

Me mantuve quizás uno o dos días en mi casa, sin tan siquiera atreverme ir al templo y un día le dije a mi esposo, llévame otra vez a casa de mis padres, me siento que me estoy volviendo loca.

Otra vez, el estar dentro de un carro era un horrible sentir, me comenzó a doler el cerebro, y sentía mi cerebro caliente como una fiebre insoportable. Mis pensamientos comenzaron a ser muy duros para controlarlos, parecía haber perdido aun el control de lo que pensaba.

Todo pensamiento era de horror, toda una calamidad, cerraba los ojos para no mirar nada, mi piel me era de molestia en mi propio cuerpo, deseaba poder bajarme del automóvil, pues el espacio era muy pequeño y me faltaba el aire.

Allí en casa de mis padres, continúo un largo y duro proceso; no quería regresar a mi casa, y quedaba en casa de mis padres aun para dormir. No les permitía a mis hijos que me vieran en la condición que estaba, pues gritaba, lloraba, miraba por la ventana y le pedía que cerraran todo. Mis padres sentían temor de lo que pensaban los vecinos y si alguien entraba por la puerta yo podía sentir temor de ellos, les decía que no me miraran.

Se corrió la voz, de que algo me acontecía y que estaba encerrada en casa de sus padres sin querer salir de allí. En el proceso muchos llegaron donde mi persona y me acusaron de haber pecado, y de haber estado bajo influencias satánicas y lo peor de todo para mí, fue que me reprendían demonios y pensaban que estaba poseída.

Antes de mi proceso, Dios me había dado un mensaje para unas personas el cual no me había atrevido decirles, y yo pensando que era castigo de Dios por no hablar, por lo cual los mandé a buscar para decirles el mensaje de parte de Dios que me había dado anteriormente. A aquellas personas ver mi condición, pues claro, dijeron que yo hablaba bajo locura y hasta me reprendieron. Triste ser que lo que Dios me dijo para ellos, más adelante aconteció al pie de la letra.

Me estorbaba mucho la idea que me reprendieran demonios y trataran de hacer exorcismos y le preguntaba al Señor veinte mil veces en que momento me había endemoniado y cuando había pecado a tal manera que esto sucediera.

Mucha confusión y mucha tristeza me abarcaron el alma hasta el momento de desear la muerte y le pedía al Señor que por favor prefería que El me llevara al cielo y no permanecer en la tierra, pues no entendía el propósito ni el porqué de mi condición.

Pensé ser una vergüenza para los míos y que jamás llegaría a recuperarme y volver a la normalidad.

Fueron días largos y duros, noches largas sin poder tomar el sueño. El cuerpo con un dolor insoportable, debilidad, horrible dolor de cabeza, fiebres, temblores, picor en las manos y en los pies.

Parte de la cabeza y el cuerpo en ocasiones dormidos y la mente como un automóvil sin freno y sin control, mareos, náuseas, vómitos que en verdad era solo saliva, pues deje de echar alimento en mi boca.

La familia, la iglesia en largos días de ayuno, vigilia y oración para que Dios hiciera un milagro conmigo.

Pastores, ministros, amigos, hermanos en la fe, oraban y oraban y mi condición fue muy mal y cada día empeoraba.

Mi condición fue tal, que no lograba estar en mi hogar con una paranoia donde se me cerraban las paredes, gritaba para que me sacaran de mi casa. Me llevaban al hogar de mis padres y gritaba para que me sacaran de allí, y también en casa de una de mis hermanas carnales (Elizabeth) estuve unos días, así estuve cambiando de hogar en hogar.

El terror, el miedo eran tan grande que aún no quería que nadie me mirara, se taparon todos los espejos de la casa para no mirar ni mi propio reflejo.

Pedí que sacaran mis hijos de mi lado para que no vieran mi condición de deterioro, ni escucharan mis gritos y mi llanto constante. Incluso le pedí a mi esposo que se apartara de mí, pues aún a él le tenía temor si me miraba y tampoco le servía de esposa. Claro que mi esposo se negó y me dijo, que él había dicho que estaría conmigo hasta que la muerte nos separara.

Muchas experiencias espirituales experimenté durante el proceso, y en muchas de ellas Dios me mostraba cosas espirituales en cuanto a la iglesia y el mundo espiritual.

Hablaba y hablaba cosas coherentes e incoherentes. Me acuerdo mi mamá siempre con atención a lo que hablaba, pues algunas cosas eran asuntos espirituales. La razón por la que me mantenía hablando era para poder mantener la mente en algo que no fuera el horrible sentir de descontrol en los pensamientos, buscaba mantenerme alerta.

Incluso en un día duro donde llevaba horas, días y noches sin dormir, mi cuerpo temblando descontroladamente, dolor muscular, ansiedad, pánico; en una experiencia un personaje vino y me cantó una alabanza hermosa que decía; " No hay Dios tan grande como Tu".

Durante esas experiencias, sentía paz y normalidad hasta el momento en que despertaba que me encontraba en una grande y horrible pesadilla.

En ese día, unos de mis hermanos carnales (David) me leía la biblia en voz alta, pues me leían la biblia constantemente, yo pedía que me leyeran el libro que me calmaba un poco. Aunque llegó el momento que solo prendían una casetera y dejaban la biblia hablada. Todos estaban cansados, yo sentía el cansancio en sus voces, me sentía que estaba siendo de carga para mi familia y me afligía en gran manera pensando que quizás un día me llevarían al manicomio; me acuerdo hacerle prometer a una de mis hermanas que por ninguna razón permitiera que me llevaran.

Ese día, mientras mi hermano leía la biblia, quedé dormida por un momento y sentí que un personaje vino y me cantó una bella alabanza. Una de mis hermanas carnales (Esther) había estado orando a Dios en mis muslos pidiéndole a Dios que si el Espíritu

Santo sabía cantar que me cantara una alabanza para que yo pudiera descansar de la agonía en que estaba. "Gloria a Dios" que así el Espíritu Santo lo hizo. Dios estaba conmigo en medio de aquella tan grande prueba. Muchas experiencias espirituales, en medio de un momento de confusión y angustia.

¿Cómo era posible si en verdad estaba endemoniada como alguna gente pensaba y hasta yo misma me hacia la pregunta; ¿cómo podía ser que Dios se me rebelara en algunos momentos de lucidez, y que aun el Espíritu Santo me cantara una alabanza?

¿Cómo era que una persona que sabía cómo David que su corazón había sido recto delante de Dios y que aun en su debilidad había un sacerdote que se compadecía y era su socorro, ahora podía llegar a una condición, de ataques de ansiedad y pánico?

A través del tiempo aprendí mucho, aprendí a no rápido calificar demoniaca la enfermedad mental, confiar en el plan de Dios y lo que nos quiera enseñar.

En una ocasión le pregunté a una de mis hermanas sobre lo que ella recordaba de cuando ella me mirada en mi condición, la contesta que ella me dio fue que no sabía cómo yo me doblaba como un papel y me revolcaba de dolor. Mi condición se extendió por alrededor de dos meses, donde estuve sin comer, sin dormir, en un estado de paranoia, ansiedad y pánico.

Tuve que depender de la ayuda de mis padres, mi esposo y familiares para hacer las cosas más básicas, como lo era ir al servicio sanitario, peinarme y vestirme. Llegó el momento que hasta un cubo con un poco de agua estaba en mi cuarto para utilizarlo en mis necesidades biológicas.

Me di cuenta de que poco a poco los demás que no eran familiares, fueron desapareciendo de mi lado, ni recibía visitas, después supe que el rumor era que me había vuelto loca. Tuve malas experiencias con personas que pensé que serían de ayuda espiritual, pero que era todo lo contrario.

Solo me daba cuenta de un capellán, quien había sido amigo de la familia, llegaba a menudo, se hincaba en el lado de mi cama, oraba en silencio y se iba; aunque quizás él pensaba no hacer mucho su presencia allí era valiosa para mí.

Él se paraba, me observaba a veces brincar como un animal encarcelado en una jaula, me ponía la mano con mucha pena en mi frente y se marchaba.

Casi dos meses sin dormir ni comer, temblar, gritar, y desesperanza fue mi cama, mi condición llegó al grado donde mis pies y mis manos tomaron forma como se padeciera de una distrofia muscular.

¿Dónde estaba Dios? ¿Había sido desechada? ¿Por qué? ¿Había Pecado? ¿Había demonios? ¿Cómo entraron? ¿Qué pasó? Todas estas interrogantes fueron contestadas a través del tiempo.

Claro que el enemigo quiso aprovechar la oportunidad, llegué a pensar que la muerte sería la mejor opción.

Así en mi condición, experimenté muchas otras experiencias espirituales, una de ellas, en una ocasión en casa de mi madre, alguien estaba en la casa en el sofá de la sala, mi madre a un lado mío y la otra persona al otro lado; de momento, miro a la puerta de la casa y veo un gran perro que entra y se me tira encima. En ese mismo instante caigo en el piso, haciendo unos rugidos como si fuera un león.

Lo primero que pienso fue que en verdad mi mente estaba bien mal, estaba completamente loca con lo que acontecía; porque sentí como un león entraba sobre mi cuerpo; en ese momento caí al piso peleando con este perro y mis fuerzas no eran las mías; me acuerdo la persona que estaba a mi lado quedó en pies con temor, pues lo único que veía era a mi persona en el piso rugiendo y al parecer peleando con algo invisible.

Aquel perro se arrojó encima de mí, pero yo batallaba con fuerza, veía unos grandes colmillos y dientes querer morderme y tirarse a mi cuello para despedazarme. Sentía en ese momento una fuerza increíble, y cuando me di cuenta yo tenía aquel perro en mis manos despedazándole hasta verlo quedar muerto. Escuché a mí mi madre diciendo: "El león de la tribu de Judá está peleando por ella" ¡Santo Jehová! Aunque después quede físicamente desplomada, como si un tren me hubiera pasado por encima, pero entendí después que el enemigo quería aprovechar la ocasión; también entendí que el poder de Dios se manifestó en mi debilidad.

En una ocasión, cuando estaba en una horrible crisis, gritaba y brincaba en la cama como una presa en su propio cuerpo, me sentía como un animal en una jaula, pero esa jaula era mi propia piel y mi propio cerebro. Mi cabeza ardiendo en fiebre, mis pensamientos completamente desequilibrados, los músculos horriblemente adoloridos, mientras un grupito de personas hacía cadena a mí alrededor en oración.

Mis padres, algunos de mis hermanos(a) de sangre y mi hija mayor quien no quiso irse de mi lado, también ella se convirtió en una guerrera espiritual, pues mientras todo aquello acontecía, ella permanecía en los 40 días de ayuno que Dios le había enviado a hacer.

En ese día, cuando ellos solo me veían retorciéndome en la cama, yo veía unos personajes que pertenecían al mundo de las tinieblas que entraron al cuarto, y me presentaron unos papeles los cuales decían arriba en letra grande "Contrato".

Cuando miré estos papeles tenían los nombres de mis hijos y algunos familiares y me dijeron: “Si nos entregas a ellos, te quedas sana de tu enfermedad”. Satanás es un mentiroso, pero sabe que, con nuestras oraciones, si hemos sido los que nos hemos puesto en la brecha por los nuestros, él no puede tocarlos, somos quienes aguantamos las fuerzas de las tinieblas a que no toquen los que nos pertenecen y pertenecen a Dios.

En aquella experiencia espiritual pude ver que me otorgaron una herramienta en la mano la cual parecía un lápiz y con aquello comencé a romper aquellos papeles mientras decía: “Este contrato se rompe con la sangre de Jesucristo, y todos aquellos contratos quedaron rotos mientras veía que salía sangre de aquel instrumento en mi mano. ¡Dios es Poderoso...! ¡La sangre de Jesucristo tiene Poder y ha vencido al enemigo!

Ahora, si la sangre de Jesucristo no nos cubre, el enemigo si puede aprovechar la situación de una enfermedad mental, pues es un asunto muy fuerte y muy complicado.

No terminaba aquella terrible prueba, me pasaban los días, las noches; las horas me parecían días y los días semanas.

Había siervos y siervas de Dios en ayuno y oración por mi salud, incluso yo misma me examinaba y le preguntaba a Dios que había pasado; ¿no tenían poder las oraciones? ¿No tenían poder los que venían y con muchos gritos y patadas reprendían demonios de locura?

Algunas personas llegaban a verme y al ver mi condición, terminaban llorando y no regresaban a verme otra vez. Otros venían y daban patadas de reprensión, gritaban a tal nivel que deseaba que no regresaran, pues al ellos irse, me dejaban extremadamente triste y atormentada.

En este mi proceso aprendí algo muy valioso, que Dios utiliza la forma y manera que el desea para salvar almas, pues antes de que comenzara mi proceso, tenía dos hermanas carnales apartadas del evangelio.

Me acuerdo que le dije a mi madre que llamara a ciertas personas para yo hablar con ellos he incluso pedir perdón por si había ofendido en alguna manera a algunos; pensaba que era mi tiempo de morir.

Una de las personas que envié a llamar fue una de mis hermanas de sangre, pensé que moriría en esa condición y que tenía que asegurar mi vida con Dios y aun despedirme.

En un ataque de pánico son muchos los pensamientos que pasan por la mente. Cuando mi hermana llega a la casa con un sentido que era de urgencia y ella ve mi condición, decide que quería reconciliar su vida con Dios para ayudar en la oración para mi pronta recuperación. ¡Gloria a Dios!

También en un momento dado me había visitado la otra hermana de sangre que también estaba apartada y me pidió que hiciera oración para ella reconciliarse con Dios; y aunque yo no pude hacer la oración por ella otra persona lo hizo y Dios utilizó ese momento para salvarlas. Hasta el día de hoy todavía le sirven al Señor, Dios se glorificó en un momento súper difícil de mi vida para salvar dos de mis hermanas.

Después de alrededor de casi dos meses de sufrir todos los síntomas de una depresión, junto con ataques de ansiedad, pánico, paranoia, dolores musculares, fobias, perdida de sueño y perder 60 libras de peso; en medio de un arduo clamor y ruego, clamé a Dios a gritos que me enviara ayuda, pues ya no soportaba más, estaba cansada y agotada, ya que no me moría necesitaba saber que Dios quería que hiciera.

Era tanto el desespero que me acuerdo pedirle a mi madre que orara a Dios para que yo pudiera morir, y se acabara todo aquello. Me acuerdo decirle: "Mami, ora para que Dios me mande a buscar"; aunque yo no lo decía a nadie, estaba batallando con un espíritu de suicidio que me atormentaba la mente, pero aun en mi condición entendía que no podía actuar en ese pensar y que mi alma corría peligro. Le rogaba a mi madre y le decía: dile a Dios que yo le ayudo a preparar las mesas para cuando la iglesia llegue a las bodas" ella me decía con media sonrisa en su cara: Ya Dios tiene sus ángeles haciendo ese trabajo, tú te vas a levantar de esto.

Una pareja enviada por Dios llegó un día a la casa de mis padres, ellos me dijeron que habían estado orando por mí y Dios les había enviado para que me ayudaran. Este caballero de apellido (Mercado) me dijo que él había atravesado por mí misma situación. Al mirar a aquel hermano tan sano y normal lo primero que le pregunté fue, como se había sanado; el me hablo de cómo se había recuperado con la ayuda de Dios primero y también recibiendo ayuda médica. Al escuchar que alguien me dice; que había estado en mi condición antes y ahora lo veo sano, eso para mí fue de gran aliento. Aquel caballero entendía bien claro todo lo que yo le explicaba que sentía en mi cabeza, y me desahogaba a la misma vez que se llenaba mi alma de esperanza.

Esta pareja comenzó a visitarme en dos o tres ocasiones y se hincaban a orar por mí y me hablaban normalmente, no como si estuviera loca y aunque yo tenía un gran descontrol y ellos me miraban con tristeza, a la misma vez me empujaban a activar mi fe de que Dios me iba a levantar. La esposa de aquel hermano en la fe me hablaba fuertemente, pero palabras de Fe y me decía: "tú eres una sierva de Dios, no vas a morir nada".

Un día mi padre cansado, pues entiendo que muchas veces ellos querían dormir, no eran ancianos, pero ya tenían un poquito de edad e incluso mi padre estaba enfermo, pero yo continuamente los llamaba para que me atendieran y ellos corrían de su cuarto a atenderme, ese día mi padre me dice: ¿Te acuerdas del sueño que tuviste? Le dije: si me acuerdo, él me dice: ¿Cómo terminó aquel sueño? le contesté: Terminó el sueño en que Dios me había levantado. Entonces él me dice: "Quiere decir que Dios te va a levantar" tienes que creerlo.

Desde aquel día en adelante, aunque no sentía mejoría alguna, comencé a repetir, "Dios me va a levantar, mañana será mi nuevo amanecer", todos los días sin sentir cambios continuaba repitiendo: "Dios me va a levantar, mañana será mi nuevo amanecer". Esas palabras positivas eran como terapia para mi alma y espíritu.

Ya no podía orar, y menos leer la biblia, tenía mi mente en tal condición, que nada tenía sentido. Las paredes estaban con papelitos de textos bíblicos para que los leyera, pero los papelitos en las paredes con textos bíblicos, aunque los leía, en verdad no tenían mucho sentido para mí. En ocasiones cuando mi mente parecía estar en otro mundo de horrores y pesadillas les pedía que me traerán a la memoria cual era el nombre que tenía poder, ellos me decían; "Jesús", el nombre es: "Jesús"; mi mente llegó a tal nivel de descontrol que se me olvidaba ese nombre, pero por cierta razón yo sabía que, en ese nombre, había poder, por lo tanto, lo repetía y lo repetía. El solo hecho de tratar de concentrarme en una oración era todo un reto, pero al mencionar ese nombre sentía un cierto sentir de esperanza.

Solo me podían leer salmos que tenían que ver con el amor, la misericordia, y todo con temas positivos del amor de Dios y promesas de bien.

Cuando leía estos textos los leía con desesperación, los repetía y los repetía, en cierta forma inexplicable, aunque los leía, no entraban a mí mente a todo entender, pero en cierta forma me ayudaban y me daban un sentir de una calma interna, encontré en hacer esto, el gran poder de la palabra de Dios escrita y sus promesas. ¿Porque el poder de la palabra? Pues cuando los repetía y los repetía en cierta forma eran de alivio a mi mente que tenía un horrible desequilibrio.

Aun las oraciones que hablaban en voz alta a mi lado tenían que ser escogidas las palabras con mucho cuidado, pues aún algo que pareciera negativo en una oración me costaba una crisis de ansiedad pensando que Dios me había desechado.

Por ejemplo, mi padre un día estaba bien cansado, pues a ellos les tocó cuidarme 24 horas al día a tal manera que mi madre dijo en una ocasión, que Dios le había devuelto su niña para atrás: mi padre orando dice “Señor, si la quieres tomar por sacrificio te la entregamos”, esa simple palabra “sacrificio” me llevó a una crisis de más gritos y desesperación.

Me arrastraba en el piso, me sentaba, me acostaba, me tiraba otra vez al piso arrastrándome y el dolor en mi cuerpo era extremadamente desesperante. No tenía fuerzas en mi cuerpo, me retorcía constantemente para tratar de acomodar mis pensamientos, estaba con un terrible dolor muscular pues no había descanso, esto era 24 horas diarias.

Aun las personas que vayan a orar por una persona con un ataque de pánico necesitan saber escoger las palabras que van a utilizar, pues la mente de una persona en pánico funciona de una forma que todo lo negativo hace daño y lo puede llevar a una crisis mental mucho peor de la que ya se encuentre.

El sentir de que Dios ha desechado y que no está interesado en ti, que te echó al olvido o incluso que está castigando, puede ser el sentir más desalentador de una persona que cree en Dios y su amor.

En un día, cuando estoy agotada y deseando morir, llegó aquel matrimonio a la casa de mis padres con otra pareja más, los escucho hablando y dicen, que Dios los había enviado a orar por mí, me miraban, me observaban, oraban y se iban.

Un día, aquel matrimonio llegó a la casa otra vez y me dijeron: Hoy no solo vamos a orar por ti, hoy tú vas a orar con nosotros. Yo les seguía repitiendo que yo no podía, pues el solo hecho de tratar de acomodar mi mente y hacer una oración coherente parecía imposible.

Sentía mi cerebro calentarse a tal manera como un horno en mi cabeza, los pensamientos se sentían divididos en lo que yo quería pensar y en lo que el cerebro decidía pensar por sí solo.

Mitad de mi cerebro estaba en el mundo normal de lo que acontecía y la otra mitad estaba en un mundo horrible de pánico. La razón de mi temblar era exactamente ese sentir, la fuerza increíble que trataba de hacer para no perder mi mente por completo en ese otro mundo de pesadillas o en ese otro lado de mi cerebro.

En esos días de angustia también los sueños eran en muchas ocasiones muy confusos y de terror y al despertar no sabía distinguir si estaba todavía en un sueño o en la realidad. El tormento en los sueños era tan fuerte en ocasiones que no sabía que era peor dormirme o estar despierta en otro horror.

Aquel día que llegaron aquellos hermanos a orar y me pidieron que yo hiciera lo posible para orar, en medio de llantos y gritos yo le decía que era imposible, que no podía.

Aquella hermana me hablaba fuerte y con autoridad y me decía: "Tú puedes, tu eres una sierva de Dios, no te vas a quedar así". Ella seguía en su insistencia y yo solo le decía que no podía.

Gracias a esa insistencia y amor duro que me mostró; me tiré al piso gritando y dije: "Señor Jesús, quiero hablar contigo, aunque sea la última cosa que haga y se me rompa el cerebro o llegue de completo a la locura, ten piedad de mí, no puedo más, si no me vas a sanar, llévame contigo".

Aquella fue una oración de gritos literalmente, increíblemente en ese mismo momento un personaje con unas sandalias estaba en frente de mí, podía ver unas vestiduras largas y lloraba y gritaba de voz en cuello. ¡Ayúdame, Sáname por favor!

Me paré del piso después de gritar sin consuelo y cuando estoy en pies, cosa que había sido muy difícil de hacer; siento literalmente cuando ese personaje entró en mi cuerpo.

Aquello fue como un fuerte cantazo en mi cuerpo literal, el sentir era como si una persona literalmente hubiera entrado en mi cuerpo y hacerse parte mía, sus manos eran mis manos y sus pies eran mis pies.

Fue tan real que comencé a gritar "Mami entró en mí, entro en mi" ella me preguntaba ¿quién? Yo solo gritaba "entró en mi" en ese momento dado, fue donde por primera vez comenzó mi mente a tener un poco de descanso y entendí después que el Espíritu Santo había sido quien había comenzado a ser la obra.

Aquel personaje que sentí tan literal en mi cuerpo había sido Jesús, comenzando a hacer la sanidad que le pedí en aquel momento y también respondiendo a todos los que clamaban y ayunaban y pedían a Dios por mi salud.

Mi corazón siente tanto agradecimiento de mi amado y poderoso Dios, que mientras escribo este momento tan especial me salen lágrimas de agradecimiento.

Aquel momento había sido el comienzo de algo diferente, no quedé completamente sana en ese momento, había sido solo un comienzo de recuperación.

El dilema si en verdad había demonios, pasaba por la mente de algunos, incluso todavía me preguntaba porque no terminaba de sanarme por completo. Aunque comencé a recuperarme, el proceso era lento y todavía tenía episodios y crisis; entonces mis padres decidieron llamar a un siervo de Dios de apellido (Pérez) quien Dios lo usaba en el ministerio de liberación.

Este siervo viajó a la casa de mis padres para venir a verme y ser de ayuda en el área de liberación si era necesaria. Después de orar, conversar con mi persona sobre mi conocimiento de Jesucristo y hacerme varias preguntas espirituales el mismo ministro dijo: "Esta mujer es una sierva de Dios ella no está endemoniada, ella ha peleado el asunto espiritual ahora, solo necesita ayuda médica para fortalecer su cuerpo". Ella necesita comer, dormir y descansar para que su sistema nervioso caiga en tiempo pues su condición física se ve muy mal.

Mi cuerpo pasó por un proceso muy extraño, pues acuerdo que ese día después de muchos días sin alimento, mi madre decidió hacerme un caldo de pollo y vegetales y mientras trataba de comer, mi cuerpo brincaba como si estuviera recibiendo cantazos de electricidad. Comencé a sentir un poco de descanso mental pero mi cuerpo seguía con unos saltos muy extraños como recibiendo cargas eléctricas.

Yo le había hecho prometer a una de mis hermanas que no permitiera que nadie me llevara al hospital. Pensaba que me dejarían allí en un manicomio, había visto en mi trabajo secular, personas que no se veían tan graves como yo estaba y eran dejadas allí en el hospital psiquiátrico. También como dije al principio, pensaba que ofendería a Dios y me faltaría la fe si aceptaba medicamentos.

Comenzaron a aconsejar a mis padres, para que me llevaran a un hospital para que me ayudaran a seguir recuperando. Incluso aquella pareja de matrimonio que fueron de gran ayuda para mí, de apellido Mercado, me aconsejaron lo mismo, ya que el siervo decía que su condición no había sido tan fatal como el me miraba en mi condición, decía que aun él no había llegado al nivel que mi persona había llegado. En un momento, escuché los consejos, hasta que decidí ir al hospital.

Fui al hospital y fui recluida, en la ciudad de Holyoke Massachusetts, "Providence Hospital". Cada vez que trataba de explicar lo que sentía lo que sucedía era que caía en un ataque de pánico. Allí, tan pronto llegué comenzaron a administrarme medicamentos especialmente para que durmiera y mi sistema nervioso comenzara a caer en tiempo.

Así la primera noche, dormí dos horas, segunda noche cuatro horas y así por el estilo con medicamentos comencé a dormir las noches completas.

Al dormir mi cuerpo comenzó a no sentir debilidad y fortalecerse y aquellos cantazos eléctricos que me estorbaban tanto ya no los sentía más.

Me administraron medicamentos para la depresión, medicamentos para controlar los ataques de ansiedad y pánico tres veces diaria. Comenzaron a monitorear si comía el alimento que me servían para fortalecerme, y también tenía momentos donde hacían charlas de grupo a la cual, aunque no me interesaba ir, me acercaba, porque sabía que de ahí dependía si regresaba a casa. Permanecí en aquel hospital solo por unos días, sentía mucha pena de tantas personas que estaban en aquel lugar y en ocasiones sentía una gran tristeza de estar allí.

No se me olvida el haberme encontrado con una muchacha joven que me dijo que ella había sido evangelista y se había apartado de Dios y por causa de las drogas había caído en aquel hospital. Ella me pidió que orara por ella y así lo hice y le aconsejé que regresara a Dios. Me enviaron a la casa después de unos días con una lista de medicamentos y con la idea de que visitara un psicólogo y un psiquiatra para ayudarme en la recuperación completa que era necesaria.

Aprendí en mi propia experiencia que la enfermedad mental como lo es la depresión, la ansiedad y el pánico son condiciones que, aunque el enemigo las quiere aprovechar y las puede aprovechar si se le da la oportunidad; es una enfermedad que puede tocar a toda persona en cualquier nivel social incluyendo a cristianos, pastores, ministros, profetas y gente que aman y creen a Dios.

Si no fuera así, entonces tendríamos que satanizar también todas las enfermedades, como, por ejemplo; la alta presión, diabetes problemas del corazón etc.... Usted puede tomar su propia conclusión en cuanto a lo que usted crea, quizás usted aun leyendo este libro, seguirá dentro de usted pensando que son demonios, pero espero que no lo aprenda de la misma manera en que me tocó a mí aprender.

Estuve tomando medicamentos por alrededor de dos años y después por un tiempo más, solo recibiendo medicamentos muy limitados por si en algún momento recibía un ataque de pánico.

Cuando me di cuenta de que estaba ya bastante bien, y recibí ayuda en cómo controlar los ataques de pánico; con la ayuda del doctor comenzaron a bajar las dosis de los miligramos en los medicamentos. Gloria a Dios.

Más después, tuve algunos episodios de ansiedad y ataques de pánico, no eran tan fuertes como los de antes, pero continuaba recibiendo la ayuda de un psicólogo y también de medicamentos, hasta que aprendí a cómo controlarlos por mí misma. Les confieso que la oración siempre será la terapia más efectiva, pero sin dejar medicamentos recetados por un doctor mientras sea necesario.

Con la ayuda de Dios puedo decir que hoy no hago uso de ningún medicamento diario y he logrado ser de bendición para muchas personas cristianas y no cristianas en consejería en cuanto la depresión, ansiedad y ataques de pánico. En algunos momentos fuertes como lo fue la muerte de mi padre algunos años después de mi proceso, le pedí medicamento al doctor por temor a que el golpe era muy fuerte, pero gracias a Dios no tuve necesidad de darles uso. Quedó grabado mi diagnostico medico como una persona con un desorden de ansiedad y he tenido momentos donde he batallado con los ataques de pánico, pero gracias a Dios con el conocimiento adquirido he podido vencer y hasta aquí me ayudado Jehová.

Mi ministerio continúa en acción, y aun con más fuerza a tal manera que me ordenaron como ministro dos años después de lo sucedido y el poder de Dios se sigue manifestando a manera grande en mi vida.

Aun después de un proceso fuerte y doloroso, logré terminar mis estudios hasta lograr alcanzar un doctorado, incluso en la clase del doctorado fue donde surgió la idea de escribir este libro, aunque siempre ha estado en mi deseo poder ayudar a quien Dios acomode en mi camino con este testimonio e información.

Dios hace la obra y también utiliza la medicina en muchas ocasiones, porque así Él lo permite en su divinidad. Hoy día puedo ayudar a muchos que han transitado por el mismo proceso
o lo están pasando y les puedo decir que hay salida y no es el fin de todo.

Todo aquel sueño que tuve se cumplió al pie de la letra, pasé por un proceso donde muchos observaron mi condición sin entenderla, pero al fin Jesús me dio la mano y me levantó por completo y para gloria de su nombre.

Mi consejo a cada lector: si te consideras ser una persona espiritual, eres ministro, pastor, consejero, obrero, capellán, misionero entre todo, siervo del Señor, ocúpese en siempre primero buscar dirección de Dios, dótese de información y de mucho amor.

Vas a necesitar el ayuno y la oración para que seas sensible a la dirección de Dios.

Aprenda sobre enfermedades mentales y con la sabiduría de Dios podrás distinguir saber ofrecer el consejo y la ayuda necesaria a una persona que padezca de la terrible enfermedad de depresión o ansiedad y pánico.

Si en este momento, usted, amado lector que estás leyendo este libro, si estas atravesando por una depresión, primero te aconsejo que clames a Dios con toda confianza y Dios puede hacer la obra. Él te ama y no se aleja de ti; nunca te dará la espalda ni dejará de atender a tu clamor. Él tiene el poder para hacer una sanidad, pero si la voluntad de Dios fuera que busques ayuda médica, entonces, busca ayuda; no permitas que las ideas, opiniones de las personas te abstengan, y te priven de obtener la ayuda necesaria para recuperarte. Tú, mi amado(a) hermano(a), vas a ser inteligente y entender, que, aunque alguien te ame, el que necesita ayuda eres tú, tu salud y salvación van a depender de pedir ayuda. Acuérdate que necesitas ayuda espiritual, emocional y física.

No sufras la desesperanza que experimenté en mi momento de depresión, desde el principio entrega tu confianza en Dios y toma las decisiones necesarias para mejorar.

No permitas que tu propio orgullo de no aceptar que necesitas ayuda te lleve a una condición peor, como sucedió a mi persona y no escales a la ansiedad y el pánico. Si no sientes depresión, pero experimentas solo ataques de ansiedad, o quizás solo ataques de pánico, también necesitas tomar cartas en el asunto y buscar ayuda.

Piensa en este texto: "Aunque la higuera no eche brotes, ni haya fruto en las viñas; aunque falte el producto del olivo, Y los campos no produzcan alimento; aunque falten las ovejas del redil y no haya vacas en los establos, con todo, yo me alegraré en Jehová y me gozaré en el Dios de mi salvación".

Habacuc 3:17-18

Capítulo 7

El Cristiano y El Suicidio

En mi testimonio en ninguna manera antes, ni aun en el capítulo anterior, me había dedicado a expresar a tal capacidad cuán grande era el deseo de poder morir.

Los pensamientos desequilibrados eran demasiado de fuertes, el dolor tan apoderado de mi cuerpo, la incapacidad de dormir, comer, atender mi familia y el pánico me agobiaban a tal extremo que parecía casi imposible soportarlo.

La mayoría de las veces cuando escuchamos que una persona que sufría depresión se quita la vida, no pensamos en cuan intensa era la batalla de esa persona, en la que solo se cansó de batallar pensando que ahí, sería el fin de todo.

Los comentarios después que una persona se quita la vida pueden decir que escogió la forma más fácil para salir y aunque de ninguna manera justificamos el suicidio u homicidio, pero piense cuan fácil en verdad es atentar en contra de tu cuerpo conociendo el dolor que va a sentir en el momento. Puede ser aterrador el pensar en ese dolor de la muerte, pero la realidad es que la batalla mental también es aterradora y mucho más difícil de soportar que lo que se pueda imaginar o escribir en un papel.

La diferencia es, que en vida mantenemos nuestra alma segura en Dios, pero si se decide por el suicidio sería una eternidad, sin Dios.

La desesperanza puede tomar más control de lo que aun un profesional en medicina pueda explicar, pues explicar por conocimiento de otro es muy diferente a experimentarlo personalmente en carne propia.

En mi caso, el pensar que quedaría en esa condición para siempre, el ver mis padres y familiares tan agobiados y cansados, oh pensar, qué acontecería a mis hijos si quedaba en un estado de locura, estaba constantemente estorbando; por encima del horror que ya existía.

El pensar en lo que opinan otras personas puede ser fuerte, por cierta razón nos interesa mucho que piense la gente de nosotros.

Los peores pensamientos en un estado de depresión es que todo será una calamidad, nada irá bien, mientras el tiempo pase, será peor.

En un estado de depresión, es como no poder mirar a un futuro mejor, todo parece una horrible pesadilla, donde todo parece estar

en su contra. Aun mirando al pasado, a lo anterior sucedido en la vida, no se alcanza a lograr ver lo bueno que ya ha acontecido, sino solo todo lo negativo; es como perder la habilidad de ver o recordar que también hubo tiempos buenos.

Todos los fracasos, errores y los momentos menos agradables son los que toman control del pensamiento y los sentimientos. Las emociones humanas están como a rienda suelta solo en lo negativo.

Ahí es donde el enemigo de nuestras almas aprovecha la oportunidad para tratar de inculcar el creer que Dios nos ha abandonado y que nada positivo nos espera más adelante.

Es en ese momento, donde se puede comenzar a desear la muerte, pues, ¿Para qué vivir?; si al parecer todo ha sido un fracaso y lo seguirá siendo. La soledad y el pensar que nadie nos ama son muy frecuentes en una persona con depresión. Es donde hay que entender que, aunque hayamos fracasado en algunas áreas de nuestras vidas, no significa que somos unos fracasados, todos en algún momento fracasamos en algo, pero serán buenas lecciones para la vida.

También hay que llevar a la memoria que, aunque no se vea ha vista clara, Dios siempre tiene a alguien que nos ama y que necesita nuestra presencia y que aun en ese proceso que parece negativo, Dios tiene un propósito positivo.

También, por eso es muy importante, que especialmente a una persona cristiana en un estado de depresión, no se le diga que tiene demonios o está poseído. Si esa persona ha sido fiel a Dios y comienza a sentir que Dios ya no está con ellos, entonces el enemigo usa la oportunidad para decirles "Ni Dios te Ama" ¿porque mejor no terminas con tu vida?

En mi experiencia, aunque estaba en esa condición que al momento no le encontraba sentido, en un lugar de mi corazón, de mi alma, de mi pensamiento entendía que Dios me había entregado la vida y por lo tanto solo pertenecía a Él.

La biblia dice en Romanos 14: 7-8 *"Porque ninguno de nosotros vive para sí, y ninguno muere para sí. Pues si vivimos, para el Señor vivimos; y si morimos para el Señor morimos. Así pues, sea que vivamos, o que muramos, del Señor somos".*

En palabras un poco más claras, dice; que nuestra vida pertenece a Dios, nosotros no tenemos autoridad sobre nuestro propio cuerpo para decirle cuando morir.

El suicidio se categoriza como un homicidio, porque, aunque no es quitarle la vida a otro es quitarse la vida a uno mismo y esa vida, esa alma, ese espíritu, pertenece a Dios.

La biblia dice en Mt. 15:19, que del corazón es que salen los homicidios y, ¿qué cosa más engañosa que el corazón? También en Jeremías 17:9 dice: *"Engañoso es el corazón más que todas las cosas, y perverso; ¿Quién lo conocerá?* En Juan 8:44 se presenta a

Satanás como el homicida desde el principio, el homicidio viene del enemigo de las almas.

En Gálatas 5:19-21 presenta el homicidio como obra de la carne, y claro dice, que los que hacen esto, "no heredaran el reino de los cielos"; ¿porque será entonces que algunos llamados cristianos, justifican el suicidio y dicen que una persona puede llegar al cielo si se quita la vida? De ninguna manera, el que se quita la vida es homicida y no hereda el reino de los cielos.

Cuando yo me encontraba en unos momentos de desesperación, los pensamientos eran horribles, mi cerebro se sentía como si tuviera dos cerebros en uno.

Una parte de mi cerebro estaba en el mundo normal a mí alrededor, y otra parte de mi cerebro estaba en un mundo de pesadilla. Este sentir era constante, a tal manera, que cuando logré ver un psicólogo como parte de mi tratamiento, ella me preguntó, que como era posible que hubiera soportado tanto, que la mayoría de las personas que llegaban a mi condición terminaban cometiendo suicidio.

Un ataque de pánico puede tener corta duración como de diez minutos y otros diez minutos pueden ser solo de ansiedad y miedo de recibir otro, pero mis ataques de pánico eran constantes sin descanso.

Mi cuerpo temblaba constantemente y la gente se preguntaba porque temblaba tanto y la razón de mi temblor era la fuerza de la presión que tenía que hacer para no permitir que todo mi cerebro entrara de completo en el lado donde solo era un mundo horrible de terror.

En algunos momentos, mi cabeza parecía un horno encendido, los pensamientos completamente en un desequilibrio sin control, mi cuerpo adolorido, cada musculo del cuerpo se sentía contraído a tal manera, que mis manos y mis pies tomaron forma como si tuviera una distrofia muscular. Lloraba y gritaba descontroladamente, pues aún el propio cuero de mi carne me estorbaba a un grado donde me pasaba continuamente rascándome con deseo de poder quitar mi piel de mi cuerpo; era en esos momentos de un terrible y horroroso sentir, cuando pasaba por la cabeza buscar la forma de morir.

Cuando digo buscar la forma de morir, pues sí, claro, pensaba en cómo podía quitarme la vida, pero ese pensamiento estaba en la parte de mi cerebro que no podía controlar, mientras la otra parte me daba a entender que no podía atentar contra mi propia vida.

A cada momento escuchamos noticias de como una madre o padre, termina con su vida por causa de una depresión y decimos: "Que cobarde", pero que más horrible escuchar cuando vemos que alguien no solo se quita su propia vida, sino que también le quita la de sus hijos y vemos a estas personas como personas horribles en su proceder.

No sé exactamente la condición que hayan alcanzado estas personas en su depresión para llegar a este nivel tan fuerte, pero si les puedo contar de mi propia experiencia. En mis momentos súper duros de desesperanza sin mejoría alguna, no solo pensaba en como poder morir, sino que un horrible pensamiento llegaba a mi mente.

Aquel pensamiento era lo más fuerte y quizás los lectores escépticos y súper espirituales dirán: "Eran demonios" pues les diré que en verdad creo que eran demonios, no necesariamente dentro del cuerpo, sino aprovechando la oportunidad para zarandear, influenciar en el pensamiento humano; como ya ha sido explicado anteriormente. Aquel pensamiento era el siguiente: "Tus hijos pasarán por lo mismo, no solo tu terminaras en un manicomio, pero ellos también terminarán locos en un manicomio: ¿porque no buscas la forma también de que ellos mueran y les ahorra todo este horror que tu estas pasando?

Solo escribiendo estas palabras mi corazón siente mucha pena y pienso que puede haber una gran posibilidad, que personas que han llegado hasta ejecutar tan horrible evento, quizás el enemigo los llevó a pensar de la misma manera y una persona sin la protección del Espíritu Santo que redarguye, no tiene la defensa espiritual para pelear con esa fuerza o quizás no había nadie a su lado que haya querido pararse en la brecha por esa persona para ayudarlo batallar. Le doy gloria a Dios que, aunque aquella condición era extremadamente difícil en una parte de mi mente y en mi espíritu entendía que si actuaba en ese impulso sería "homicidio y suicidio", mas también había un gran grupo de guerreros espirituales en la brecha por mi persona.

Peleaba fuerte contra ese pensamiento, y reprendía con las pocas fuerzas que me quedaban y aun cuando llegaba el pensamiento gritaba de dolor, en ocasiones miraba a mis padres desesperada a los ojos y ellos me preguntaban que me pasaba, porque los miraba con una mirada desesperante, pero no se me hacía fácil aceptar o decir algo sobre esto que me atormentaba. Entre gritos y llantos, le gritaba al enemigo que no lo haría, ¡que mi vida y la de mis hijos pertenecía a Jesucristo! ¡Aleluya!

La biblia dice en Juan 10:10: *"El ladrón no viene sino para hurtar y matar y destruir" y en ese mismo texto presenta a Cristo como quien vino para que tengamos vida, y para que las tengamos en abundancia".*

Muy claro dice en 1 Corintios 3:16-17, *"¿No sabéis que sois templo de Dios y que el Espíritu de Dios mora en vosotros? Si alguno destruyere el templo de Dios, Dios le destruirá a él; porque el templo de Dios, el cual sois vosotros, santo es".*

¿De dónde sacan las personas que una persona que se quita la vida va al cielo? Es increíble ver que son muchas las personas, incluso líderes espirituales evangélicos, creen y enseñan que se puede llegar al cielo después de suicidarse.

Muchas de estas personas utilizan textos bíblicos para respaldar la creencia errónea de que el suicidio es perdonado, por ejemplo: 1 Juan 5:13 donde dice: que solo con creer en Jesús reciben vida eterna. Se los olvida que muy claro uno de los mandamientos en Éxodo 20:13 es "No Mataras" y Jesús dijo en Juan 14:23 que el que le ama guardara sus mandamientos.

Si ya hemos aceptado a Jesucristo como salvador no podemos cometer pecado y esperar llegar al cielo. Romanos 6:1-2 ¿Qué pues, diremos? ¿Perseveraremos en el pecado para que la gracia abunde? En ninguna manera. Porque los que hemos muerto al pecado, ¿Cómo viviremos aun en él?

Otro texto muy usado para justificar el suicidio es Romanos 8:38-39 donde dice; que nada nos separara del amor de Cristo., pero hay que entender que hay que permanecer en Cristo y vivir su palabra y mandamientos para que esto suceda. En este capítulo 6 de Romanos, también dice en los versículos 12,13 y 14 que el pecado no puede estar en nuestro cuerpo, ni podemos presentarlo como instrumento de iniquidad sino como instrumentos de justicia y no podemos dejar que el pecado tome control de nosotros.

Mire lo que dice la biblia en Apocalipsis 21:*8 "Que los homicidas tendrán su parte en el lago de fuego y azufre"* También en Apocalipsis 22:15 dice: *"los homicidas estarán fuera del reino de Dios"*.

Las personas llamadas cristianas que justifican el suicidio, también utilizan lo que dice en Santiago 2:13 que la misericordia triunfa sobre el juicio, sacando a su totalidad el contexto completo de este verso.

Cuando en mis momentos graves de enfermedad que el enemigo aprovechaba la situación para hacerme pensar que la muerte era la mejor solución, yo pensaba, que aquella condición fatal en que yo me sentía, no se comparaba con un lugar de tormento eterno en el infierno; ya mi cerebro estaba en bastante tormento, terror y angustia como para no querer vivir así eternamente. Todo aquel horror de depresión, de ansiedad y de pánico sería aún más intenso y eterno, por eso la fe de que Dios haría algo a mi favor tenía que sobrepasar aquel terrible deseo de morir.

Muy esencial es siempre entender que se nos exhorta a no temer a los que matan el cuerpo, más el alma no pueden matar; temed más bien a aquel que puede destruir el alma y el cuerpo en el infierno. Mt 10:28. El que tiene poder y autoridad para destruir nuestro cuerpo en el infierno es el mismo Dios. Dios el creador de nuestra vida no le interesa hacer esto, no lo desea, pero el pecado de los hombres, la desobediencia a sus mandatos y estatutos los lleva a este triste fin.

El que una persona se encuentre en depresión, o en ansiedad, o en pánico es un sentir, que, aun escribiéndolo en papel, o tratar de explicarlo se queda corto. Quizás solo una persona que lo haya experimentado o lo está experimentando comprenderá la intensidad de cuan fuerte es controlarlo.

En una depresión, lo más simple, como el disfrutar de un hermoso día de sol o de lluvia, sentir el grato olfato de un olor agradable, ver el día o la noche viene a ser como algo que no tiene gusto ni sentido.

En mi condición yo perdí por completo la noción del tiempo, no sabía si era noche o día y no importaba de todas maneras porque era, toda una gran pesadilla. Existe un dicho que dice: "no me huelen ni las azucenas" ese dicho era demasiado de real para mí.

Entiendo que, si estás leyendo este libro y has experimentado alguno de estos sentimientos, de querer morir, de no existir, de suicidarte porque no puedes seguir con ese peso de depresión, lo más posible es que no quieras expresarlo a nadie. Te aconsejo que lo hagas, puedes recibir ayuda de consejería, tus líderes espirituales o alguien espiritual de confianza debe de orar por ti para ayudarte.

Cuando al final en mi testimonio, tomé la decisión de ir a un hospital, acuerdo con mucha claridad el sentir de estar allí, me subieron a un quinto piso, donde yo misma había llevado mis propios clientes en momentos de crisis. El quinto piso no era nada más y nada menos que el área de psiquiatría. Me subieron en un elevador, pero antes de eso tuve que deshacerme, de cabetes en los zapatos y alguna prenda, solo se me permitió llevar la ropa que llevaba encima.

Cuando pasamos tres diferentes elevadores, el último elevador cerró con llave especial. Me entraron con la primera enfermera la cual me pidió que me quitara toda mi ropa y quedara desnuda. No encontraba agradable la idea, fue entonces cuando pregunté si en verdad, era necesario quedarme desnuda al frente de ella; la enfermera me pregunta si en mi mente estaba el deseo de matarme, a lo cual yo le contesté: "Mi vida pertenece a Dios y él es el único que me la puede quitar".

La organización mundial de salud mental publicó un reporte en las redes sociales el 22 de marzo 2018 que dice; que 800,000 personas se quitan la vida al año, a causa de la depresión, también el reporte dice, que en este grupo están envueltos personas de 15 a 29 años de edad. En este mismo reportaje llegaron a la conclusión que, aunque hay tratamientos eficaces para la depresión, más de la mitad de los afectados en todo el mundo y en algunos países más de 90%, no reciben esos tratamientos.

Otro reporte que hizo (DBSA) Depression and Bipolar Support Alliance, pronostica, que la depresión será la primera causa de discapacidad en 2030, solo en España mueren diez personas diarias por causa del suicidio por depresión y es la primera causa de muerte no natural.

En los Estados Unidos, la casa blanca reportó, en una conferencia sobra la salud mental, que 30,000 casos de suicidio por salud mental son reportados cada año por causa de la depresión; esto es verdaderamente alarmante y triste.

Algo que encontré curioso es, que la red nacional de prevención de suicidio en junio 2018 dijo: que una de las recomendaciones que se ofrecen a las personas con pensamientos de suicidio es “Hablar con un líder espiritual”

¿Estamos preparados los ministros, pastores, líderes espirituales, en lo espiritual y en lo intelectual; para trabajar, aconsejar, ayudar y dar aliento a personas que lleguen a nuestras manos en un estado de depresión?

¿Estamos preparados para que; ¿no solo por querer salir del caso rápidamente de una persona en depresión, comenzar a hacer grandes oraciones dando patadas y gritos para expulsar demonios?

¿Estamos preparados para decirle a una persona que tiene pensamientos de suicidio, que hay esperanza, y a través del Espíritu Santo ser dirigidos a como ser de gran ayuda para ellos? Es una gran preocupación para mí personalmente, pues en mi experiencia personal, muchos no lo estaban.

Acuérdese amado lector, querido amigo y hermano, que, si por alguna razón piensas que estás pasando por una depresión, no es el fin de todo, hay cosas mejores adelante, si padeces de ansiedad y pánico tampoco es el fin, prepárate y ármate de fuerzas y dominio propio y con la ayuda de Dios vas a poder vencer.

Mi amado amigo lector, si entiendes que estás en depresión y no tienes a Cristo en tu vida; Dios quiere ayudarte, lo primero que te invito es a que te rindas a Él, aceptes a Jesús como salvador de tu vida y el guardara tu alma para que tu fin sea victorioso.

Dios nos ama de manera tan grande, que te dará las herramientas para vencer, sea cual sea la enfermedad. Guarda tu vida en Dios. Confía en El, aunque no lo veas actuar rápido, pues todo sus planes y propósitos para con nosotros son de bien y no de mal.

Si tu estado de depresión, ansiedad y pánico ha llegado a un estado más fuerte que tú, entiendo a toda capacidad cuán grande y fuerte puede ser el impulso de querer terminar con tu vida; te aconsejo con todo mi corazón que no atentes en contra de tu preciosa vida, en el momento quizás no encuentres lo lindo en ella ni la razón de existir, pero te aseguro que más adelante lo lograrás y otra vez serás la persona quien en verdad eres y aún más fuerte.

Si logré vencer todo mi proceso, usted también lo puedes hacer, en tu vida y en la de los suyos siempre existe un propósito especial. Tu presencia siempre alguien la va a tener por algo muy preciado, siempre estará esa persona especial que necesita saber que estas vivo y presente en la tierra. Dios nos ha creado más fuerte de lo que pensamos ser, diga el débil, fuerte soy. No te Rindas, el Dios de los cielos es más fuerte que la depresión.

"Porque yo sé los pensamientos que tengo acerca de vosotros, dice Jehová, pensamientos de Paz, y no de mal, para daros el fin que esperáis. Entonces me invocareis, y vendréis, y orareis a mí, y yo os oiré; y me buscareis y me hallareis, porque me buscareis de vuestro corazón." Jeremías 29:11-13.

Agradecimientos

Como autora de este libro, siempre primero agradezco a Dios por sus grandes misericordias con mi vida. Mi texto favorito después de esta experiencia ha sido siempre *"Mas tú, Jehová eres escudo alrededor de mí; Mi gloria, y el que levanta mi cabeza."* Salmo 3:3.

Agradezco en gran manera a Dios por mis padres, aunque mi padre ya pasó a morar con el Señor, creo que ellos fueron en gran manera parte de la fuerza que me ayudaron a soportar tan terrible experiencia.

Agradezco a mi hija mayor Natalie quien en mi momento de más desaliento en mi vida ella se propuso, pelear por su mami y aunque yo le pedí que no estuviera cerca de mí ella no quiso apartarse de mi lado hasta que Dios no terminara. También agradezco a mis otros hijos quienes estaban en una edad todavía muy tierna en mi proceso, Joshua, Jay y Christine, gracias por soportar y mantenerse fuertes en mi momento más vulnerable y también haber sido parte de los que oraban constantemente por su mami. Creo que el amor a mis hijos fue también razón por la decisión de batallar, siempre lo ha sido y siempre lo será.

Gracias a todos mis familiares que se mantuvieron a mi lado en esos momentos de mi proceso.

Gracias a mi esposo Luis Burgos, que siempre se ha mantenido apoyándome en el ministerio y se mantuvo también en uno de mis momentos más difícil de mi vida.

Gracias a todos los que en una forma u otra se han hecho parte de este ministerio, nos apoyan, nos dan la mano, y son de bendición a nuestras vidas.

Gracias también a mi yerno Jacob Rodríguez, por toda la ayuda que me proporcionó, en los últimos arreglos de este libro y a mi primo el Pastor: Juan M. Rodríguez de Lorain Ohio por su aportación en las artes gráficas de este libro. Dios los guarde y los proteja siempre.

"Jehová te bendiga, y te guarde; Jehová haga resplandecer su rostro sobre ti, y tenga de ti misericordia; Jehová alce sobre ti su rostro, y ponga en ti paz." Números 6:24-26.

Autora: Min. Dr. Nancy E. Burgos.

LINK DEL EBOOK:

https://docdro.id/zjuuTqQ

www.ingramcontent.com/pod-product-compliance
Lightning Source LLC
LaVergne TN
LVHW090958080826
845145LV00003B/1050

* 9 7 8 0 5 7 8 4 5 3 8 5 9 *